サンブル（ケニア）

①

②

①ギアナ高地
②九寨溝
③サウジアラビア
④グリーンランド
⑤マリ

①ペトラ
②黄龍
③ジンバブエ
④パプアニューギニア
⑤マチュピチュ
⑥フランツヨーゼフ諸島（北極）

⑤

⑥

④

①

②

⑤

③

①コスタリカ（ハチドリ）
②コスタリカ（バジリスク）
③コスタリカ（ケツァール）
④スリランカ（サル）
⑤インド（ベンガルトラ）
⑥タンザニア（ヒョウ）
⑦南極（ヒゲペンギン）
⑧タンザニア（ボタンインコ）

タンザニア

北極

タンザニア

ボツワナ

ケニア

ケニア

ケニア

北極

タンザニア

ロシア

インド

タンザニア

タンザニ

ロシア

続・世界100カ国訪問記

アフリカサファリから世界100回のマラソンまで

森村俊介

まえがき

８年前60歳の時に１００ヶ国訪問記を出版した。

しかしこのときに１００ヶ国は、国とは言えない香港、マカオ、グアムそれに仏領のタヒチやニューカレドニア、英領のジブラルタル、スペイン領のカナリヤ諸島、更にグリーンランド（デンマーク領）や南極が含まれていた。

以後、ブータン、ミャンマー、コスタリカ、ボリビア、カタール、ナミビア、そして今回のラオスを回ったので日本と含め完全に１００ヶ国に達したので再び本を出すことにした。

新しい体験も貴重なもので、これで大体世界一周したと自信をもって言えるので。

目次

世界１００カ国踏破の足跡

その他の旅

私の好きな場所（二十年前）

私の大好きな旅について書く。以前、登山家の田部井淳子さんのお話を聞いた。「私は、たくさんの沢に登りましたが、今後70歳くらいまでの間に、どこへ行くか計画を持っています。旅の意義は、その地を訪れたことによって、強い印象を心に残し、それが貴重な宝となることです」と言われた。また私が感銘を受けた本『七つの最高峰』（文芸春秋刊）には、50歳を過ぎた二人の実業家が、登山には初心者でありながら、命をかけて七大陸の最高峰に挑戦した理由として、詩を引用し、「すべての物は、存在理由を持ってそこにある。私はそれをすべて見たい」と書かれている。つまり最高所から世界を見渡したい、そのために、大変なお金・時間・労力を使い、世界初の七峰登頂者となった、というのだ。私が、80カ国を旅したのも、確かにこの2点が主な理由だと思う。そこで私の心にどれくらい感動を与え、深い印象を残してくれた場所かで、ベストテンをつくってみた。ロンドンやニューヨークのような大都市もそれなりの良さがあり、夜景の美しいブダペストや、多くの宗教がからみ合ったエルサレムなども感動的だったが、東京住まいの私としては、いまひとつ都市の良さは何か確定的な要素に欠け、ここでは省いた。では、歌番組のように下位から挙げていく。

10位　カッパドキア（トルコ）

トルコが世界で一番良かったと言う人も多く、中でも奇岩の立ち並ぶここは圧巻。キリスト教の修道士の住んだ跡や、その近くの地下都市も迫力がある。トルコは、他にも、東西文明の交差点ともいわれるイスタンブールや、快適な気候の海岸地域など魅力の多い国である。

9位　バンダーミール湖（アフガニスタン）

素朴なアフガン服・帽子の人々の中を、首都のカブールからバーミアンの仏教遺跡を経て、長時間のドライブの後に、真っ青な湖が砂漠の真ん中にポツンと存在しているのを見て大感激！

8位　マチュピチュ（ペルー）

インカは遺跡の規模ではエジプトと双璧。どうやって、あれだけの石を山の上まで運び上げたのか、その難しさはピラミッド以上といわれる。近辺のアンデスに日本人と風習の似たところはあるが、文明度の低いインディオが暮らしているのも興味深い。

7位　アリススプリングズ（オーストラリア）

普通は、近くにある大岩エアーズロックを挙げるのだろうが、私の場合、シドニーから1週間かかって、広大で何もない砂漠をバスでキャンプしながらやってきたので、この緑の多い、信じられないくらい美しい町に深く感動した。プールも気持ちよい。勿論、エアーズロックも、色の変化や登頂気分は痛快だ。アウトバック（オーストラリアの内陸部）を知るには、キャンプツアーは絶対のお勧めである。

6位　ハラインの塩鉱山（オーストリア）

スイスやニュージーランドの緑の美しさは強烈である（そのうちに飽きるかもしれないが……）。なかでも、『サウンド・オブ・ミュージック』の舞台になり、世界で最も美しいといわれている、ザルツカンマーグート地方の塩鉱山を代表として挙げたいと思う。暗い鉱山内の滑り台やトロッコは、とてもスリルがあった。

5位　セントポール島（アラスカ）

この孤島には、数百人のアリュート人が住むだけだが、島を取り囲む何十万頭にも及ぶオットセイの群れには圧倒された。絶壁に巣くうエトピリカなどの海鳥も、北の果てのこの島を印象深くしている。家族で訪れたのだが、雲がかかって迎えに来た飛行機が降りられず、5日間も島に閉じ込められた。アラスカは冬のオーロラなど魅力の多い自然の宝庫である。

4位　王家の谷（エジプト）

遺跡には感激の少ない私でも、エジプトは何よりも古くて、規模が大きいので大好きである。特にルクソールでは、住民が電気もない生活をしているその脇にあるファラオの墓に描かれた壁画が、紀元前1400年の人々の様子をくっきりと表していて、見る者を大昔へと連れていってくれる。ツタンカーメンの発見地としても著名。

3位　カトマンズ（ネパール）

ここでもまたタイムマシンが働き、マルコ・ポーロ在世時代の13世紀へ入っていく想いがする。時間の流れが止まっており、その上に現代をかぶせたような素朴なこの町には、強烈な印象を受けた。

ヒマラヤ登山の基地としての魅力もあり、美しい彫刻や絵で飾られた無数のヒンズー・仏教寺院、それに加えて種々の祭り（例えば、火を運ぶ行列や御輿《みこし》、踊りなど）があって、大変神秘的。私は50日滞在しても飽きなかった。

2位　マサイ・マラ保護区（ケニア）

現在、サファリの基地として最良の場所とされ、世界中から著名な写真家・放送局が集まり、その映像がテレビで放映されている。

最初、私が訪れた時、こんなにも美しい風景が存在するのかと思ったほどの草原で、動物も豊富なうえ、猫族のハンティングやヌーの川渡りといった迫力のあるシーンが頻繁に見られる。ここには、日本人が設立した唯一のロッジ「ムパタ」（宮沢りえなどの芸能人もよくやってくる）や、ナイトサファリのできるところもある。気候は涼しく快適で、最高の気分に浸れるところ。ケニアには、他にも、木の上のホテルで有名なアバーディアや、北方の荒れ果てた不毛の地サンブールとかパークはとても多く、ロッジの設備、食事などは世界中でもベストだろう。

1位　ンゴロンゴロ噴火口（タンザニア）

アフリカ好きの人の中でも、この世界最大の噴火口原がベストと言う人は多い。頂上からの眺めの素晴らしさは、研究者クシーメック博士の「これを正確に描写するのは不可能。他に比較できるものがないから、世界の奇跡」という言葉に尽きる。

緑のジャングルからゾウや水牛が顔をのぞかせ、火口湖のピンク色のフラミンゴを筆頭に美しい鳥たち、肉食獣が躍動するところでも有名。私たちのキャンプのすぐ近くで、夜、シマウマを食べていたライオンたちも迫力があった。サイやチーターにも会え、自然の美しさが密集した場所。その中で、マサイが牛を追って暮らしているのも面白い。近くに、世界で最も動物の多いセレンゲティパークやアフリカの最高峰キリマンジャロもあるので、観光のメッカとして推薦できる。他にもサハラの大砂丘、ピグミーの住むイツリの森、ダムのために沈んだ枯れ木の人造湖カリバなど、アフリカは印象的なところが多い。９回目のサファリで訪れたボツワナでは、待望のリカオン（ハンティングドッグ）にも会え、夕暮れのライオンやゾウの親子を見て、恍惚感《こうこつかん》に浸れ最高だった。アフリカのサファリほど面白いものはないと、行くごとに思う。他の多くの人にも楽しんでほしいといつも思うが、確かに時間・金銭などの問題で、誰でもが行ける場所ではない。

しかし、アフリカが暑苦しくて、不衛生で、ホテルや食事も劣悪であるといった偏見は、もう取り去ってもらわないとおかしいだろう。

さて、2019年現在の順位は、

1位　マサイマラ保護区（ケニア）
2位　オカバンゴ・デルタ（ボツワナ）
3位　エルタ・アレ火山（エチオピア）
4位　ンゴロンゴロ噴火口（タンザニア）
5位　カトマンズ（ネパール）
6位　王家の谷（エジプト）
7位　北極点

8位　マハレ（タンザニア）
9位　マチュピチュ（ペルー）
10位　カムチャツカ半島（ロシア）

である。世界中を回った人で2位のオカバンゴ・デルタが一番好きという人が多い。確かにここは限られた人数（一つのキャンプ地に5組とか）でとても気分の良いサファリを楽しめる。

私も有名なモンボキャンプで迫力のあるリカオンの狩りやすぐ近くで見られるヒョウ、チタベキャンプでは16頭のリカオンの赤ん坊や夜動くライオン家族とゾウも見られ、こんな世界もあるのかと感動した。

だが、ホテルは価格も高く予約も取りにくく長期滞在は出来ない。それに他にカカナカとか悪いキャンプ地もあった。

そこで私が長期滞在のできるマサイマラ（一番人気のあるのはセレナロッジ）を一番とした。

ここで何度も迫力のあるヌーの河渡り、ワニとの戦いやチーターの狩りやライオンの泳ぎ、数多くの動物シーンに会えたからだが、あくまで私が長くいて（10数日）体験できたからで、草原や夕日の美しさにも感動する。

ンゴロンゴロを4位に落としたのは最近フラミンゴが少なかったり滞在期間が半日に限られたりし、ややサファリの場所として点が下がったのだが、滅多に見られないライオンの狩りが見られたり、景色は最高だし良い場所であることは断言。

ではタンザニアではサファリはどこが良いかと言うと、セレンゲティ南部のンドトウが特に冬、ヌーの生まれる時期に人気。道路から外れて動物に近づけるのが良いが私は2回の訪問でもそれほどの感動シーンに会っていないので順位からはずした。タンガニーカ湖畔のマハレはチンパンジーの群れに山を歩いてすぐ脇で接触できるし湖の美しさも含め8位にあげた。

3位のエルタアレ火山の溶岩の流れる迫力には全く圧倒され3位に入れた。

私はワイルドライフが好きなのでこんな順位になるが、芸術や都会の方に関心がある人は全く違うだろう。

外国訪問歴・訪問した国と滞在日数

外国訪問歴

19歳	フランス　イタリア　ヴァチカン　オランダ　イギリス　ベルギー　ドイツ　スイス　リヒテンシュタイン　オーストリア　東ドイツ（ベルリン）　デンマーク（ワールド・フレンドシップ・アソシエーション）
20歳	グアム
21歳	グアム
22歳	グアム（ブリッジ）
23歳	ロシア　ウズベキスタン　アフガニスタン　パキスタン　インド　ネパール　イラン　エジプト　ケニア　タンザニア、南ア　カナリヤ諸島、スイス　イタリア　モナコ　フランス、イギリス、フランス　オーストリア　ドイツ　スイス、イギリス、オランダ
24歳	スペイン　モロッコ　ポルトガル　スイス　フランス、イギリス、スウェーデン　スイス
26歳	フィリピン、フィリピン（ブリッジ）、ブラジル　アルゼンチン　パラグアイ　チリ　ペルー　メキシコ　アメリカ
27歳	台湾
28歳	アメリカ（ハネムーン）、オーストラリア　インドネシア　シンガポール　マレーシア　タイ　ネパール
29歳	ネパール　インド、パキスタン　イラン　トルコ　ギリシャ　ブルガリア　ルーマニア　モルドバ　ウクライナ　ロシア　フィンランド　スウェーデン　デンマーク　ドイツ　東ドイツ（ベルリン）　オランダ（トレジャーツアー）、イギリス、タンザニア
31歳	ハワイ、中国
33歳	中国
34歳	台湾（JC）、アメリカ（JC）
35歳	韓国（JC）、中国（JC）、ケニア　タンザニア　ブルンジ　コンゴ　中央アフリカ　カメルーン　ナイジェリア　ニジェール　アルジェリア　モロッコ
36歳	ジブラルタル　スペイン　フランス　イギリス（ゲルバツアー）、パキスタン、シンガポール（JC）、中国　香港、アメリカ（仕事）
37歳	中国（JC）、マカオ　香港（JC）、ケニア　モーリシャス
38歳	ネパール　タイ（JC）、韓国　香港（仕事）、アラスカ、台湾（仕事）、台湾（仕事）、カナダ　アメリカ　ニュージーランド　オーストラリア　インド（仕事）、ハワイ（マラソン）、ドイツ　フランス　オランダ（仕事）
39歳	ロシア（JC）、アメリカ（仕事）、イスラエル　エジプト、韓国（仕事）、イギリス　フランス　スペイン　オランダ（仕事）、フィリピン　マレーシア　シンガポール　パキスタン（仕事）
40歳	中国（JC）、ニュージーランド　オーストラリア（仕事）、ジンバヴエ　ボツワナ、中国　香港　台湾（仕事）、スリランカ　ドイツ　フランス　オランダ（仕事）、南ア（仕事）、アメリカ（マラソン）
41歳	スーダン　エジプト　キプロス　オランダ（仕事）、ポーランド　ドイツ　チェコ　スロバキア　ハンガリー、フランス　オーストリア（仕事）、ニュージーランド　オーストラリア（仕事）、ハワイ（マラソン）、アラスカ
42歳	エチオピア　ケニア、アメリカ　カナダ（仕事）、韓国

43歳	香港　中国　シンガポール（仕事）、中国（YPOヤング　プレジデント　オーガニゼーション）、ノルウェー　イギリス　オランダ　イスラエル　ドイツ　オーストリア　イタリア（仕事）、ケニアウガンダ、樺太、インド　シンガポール（仕事）、タイ（仕事）
44歳	北朝鮮、イタリア　ケニア、香港（ブリッジ）、中国　台湾（仕事）
45歳	ブラジル（YPO）、インド　シンガポール（仕事）、フィリピン（YPO）
46歳	アメリカ（仕事）、中国（JC）、シンガポール　ボツワナ　南ア、香港（ブリッジ）、インド（仕事）
47歳	ハワイ（マラソン）、シンガポール　ボツワナ　南ア、スロベニア　ドイツ　オランダ　スペイン（仕事YPO）、アメリカ　ブラジル（YPO仕事）、オランダ　タンザニア、インド　シンガポール（仕事）
48歳	ハワイ（マラソン）、モンゴル（YPO）、ニューカレドニア（マラソン）、ハワイ（YPO）、ケニア、中国（YPO）、アラブ首長国連邦　オマーン　イラン（YPO仕事）、韓国（YPO仕事）、アルゼンチン　南極（YPO）
49歳	イギリス（マラソン、仕事）ベルギー　オランダ　ドイツ　インド　シンガポール（仕事）、インドネシア（ブリッジ）、タンザニア、オランダ　ルクセンブルク　ドイツ（ブリッジ）、ベトナム　インドネシア　タイ（仕事YPO）　カンボジア（マラソン）、インド　シンガポール（仕事）
50歳	ノルウェー（マラソン）、アメリカ（YPOグランドキャニオン川下り）
51歳	韓国（マラソン）、オーストラリア（マラソン）、カナダ（ブリッジ）、ハワイ（マラソン）、サウジアラビア　ヨルダン
52歳	アメリカ（マラソン）、ケニア、パプアニューギニア
53歳	韓国（マラソン）、マレーシア　ブルネイ（YPO）、韓国（仕事）、台湾（ブリッジ）、中国、香港　中国（仕事）、中国（YPO仕事）
54歳	インド、アメリカ（ブリッジ）、香港（ブリッジ）、タンザニア　ケニア　ギリシャ（マラソン）　ドイツ　オランダ（仕事）
55歳	タヒチ（マラソン）、アメリカ（仕事）、イタリア（ブリッジ）、アイスランド　グリーンランド、ドイツ（マラソン）、ハワイ（ブリッジ）、ハワイ（マラソン）
56歳	中国、モロッコ　マリ、アメリカ（マラソン）　中国（ブリッジ）
57歳	ベトナム（仕事）、タイ（マラソン）、ケニア、オーストラリア（ブリッジ）、メキシコ　キューバ
58歳	南ア（マラソン）、ベネズエラ　アメリカ、フランス（マラソン）、中国（マラソン）
59歳	ニュージーランド（マラソン）、アメリカ（ブリッジ）、クロアチア　スロベニア　ボスニア・ヘルツェゴビナ　モンテネグロ、ハワイ　アラスカ（マラソン）、タンザニア　ケニア

外国訪問歴・訪問した国と滞在日数

60歳	スリランカ、サイパン、サイパン（マラソン）
61歳	インド　ブータン、グアム（マラソン）、ミャンマー
62歳	アメリカ（イエローストーンサファリ）、香港（ブリッジ）、ハワイ（マラソン） ケニア、インドネシア　（ブリッジ）
63歳	コスタリカ、フィンランド　ロシア　北極点、ギリシャ、中国（ブリッジ）、イタリア（マラソン） オマーン　アラブ首長国連邦
64歳	ペルー　ボリビア　アルゼンチン　アメリカ、エチオピア
65歳	中国（ブリッジ）、台湾、ポーランド（ブリッジ）、台湾（マラソン）、カタール　タンザニア
66歳	カタール　ナミビア、ベトナム
67歳	インド（ブリッジ）ロシア、アメリカ（ブリッジ）、フィリピン
68歳	ラオス、インド、トルコ

訪問した国と滞在日数

	国名	日数
①	イギリス	1年以上
②	アメリカ (ハワイ51、カリフォルニア50、ニューヨーク19、アラスカ18、フロリダ12、ルイジアナ10、アリゾナ8、ジョージア8、ニュージャージー7、コロラド6、ネバダ6、マサチューセッツ6、イリノイ5、モンタナ5)	220
③	ケニア	125
④	中国	110
⑤	タンザニア	88
⑥	インド	76
⑦	ネパール	58
⑧	オーストラリア	51
⑨	ドイツ	42
⑩	フランス	39
⑪	香港	39
⑫	台湾	38
⑬	イタリア	36
⑭	ロシア	33
⑮	インドネシア	32
⑯	トルコ	32
⑰	オランダ	29
⑱	ブラジル	28
⑲	スペイン	26
⑳	ギリシャ	25
㉑	ボツワナ	24
㉒	フィリピン	24
㉓	韓国	23
㉔	コンゴ	22
㉕	カナダ	22
㉖	オーストリア	20
㉗	タイ	18
㉘	シンガポール	16
㉙	ニジェール	16
㉚	ポーランド	16
㉛	スイス	15
㉜	南アフリカ	14
㉝	エチオピア	13
㉞	アルゼンチン	13
㉟	ペルー	13
㊱	エジプト	13
㊲	ニュージーランド	13
㊳	グアム	13

日数	国名
12～10	アルジェリア、モロッコ、中央アフリカ、ノルウェー、コスタリカ、ナミビア、イラン、北極
7～9	ウガンダ、ジンバヴエ、スリランカ、ベトナム、ナイジェリア、カメルーン、マリ、キューバ、アイスランド、マレーシア、パキスタン、タヒチ、パプアニューギニア、ミャンマー、イスラエル
6～5	南極、アフガニスタン、モンゴル、デンマーク、スウェーデン、メキシコ、ウクライナ、北朝鮮、マカオ、ウズベキスタン、カンボジア、ニューカレドニア、アラブ首長国連邦、ベネズエラ、クロアチア、オマーン、ボリビア、ブータン、サイパン、フィンランド、ラオス
4～2	サウジアラビア、ヨルダン、ブルガリア、ルーマニア、ハンガリー、チェコ、スーダン、モーリシャス、キプロス、ポルトガル、ベルギー、ブルンジ、チリ、グリーンランド、スロベニア
1～0	カタール、ブルネイ、スロバキア、ルクセンブルク、モルドバ、ジブラルタル、モナコ、バチカン、モンテネグロ、パラグアイ、カナリア諸島、ボスニアヘルツェゴヴィナ、リヒテンシュタイン

アフリカサファリへの旅

強烈な感動をいつでも与えてくれるアフリカ

放浪癖があり数多くの国を旅している私にとって、2回目の訪問はどこも感激が薄れるが、アフリカのサバンナは15回訪れても毎回強烈な感動を与えてくれる場所だ。私の他の趣味、レースで苦痛に耐えられないマラソンや負けると気が滅入るトランプのブリッジに比べ、サファリは誰もがリラックスでき、楽しめると思う（83歳から6回訪れ、88歳で写真集を出された方もいる）。

私が好きになったきっかけは、幼少の頃、動物好きの両親に読んでもらった狩猟家ハンター氏の本や『ジャングル大帝』の追憶、それに加え大学4年の時に祖父からもらった『エルザ・シリーズ』や『セレンゲティは滅びず』だ。野生の王国への訪問欲は抑えきれず、1974年、23歳の時に5週間も滞在した。ケニアでは先ず森の中の木の上のホテル、マサイ・マラの一面緑の草原へ。当時、容易にケニアから入れたタンザニアでは、広大な火口原に無数の動物がいるンゴロンゴロ、絶壁の下のジャングルに沿うマニャーラ湖。さらにケニアで北部砂漠や海岸へのキャンプツアー、そしてキリマンジャロ登山。こんな場所が存在するのかと思う驚きと、野生動物は恐ろしくなく、気候がすがすがしく、快適なロッジが数多くあるのも発見だった。だが、自分以外にその素晴らしさを知る人は周囲に皆無。そこで6年半後、結婚早々の妻を無理やり連れて、タンザニアへの2週間のキャンプツアーに参加した。妻もアフリカが涼しく快適なのを知り、火口原のピンクのフラミンゴなどにも大感激してくれた。さらに、初回会えなかったヒョウ、チーターとの出会いなど収穫は多数。

次は6年後、他のアフリカも知りたいと思い、16週間の大陸縦断トラックツアーへ参加。私にとって最も過酷な旅で、キャンプの粗食のせいか体重も7kg減。疲労困憊《こんぱい》したが、サハラの美しさやザイールの森でのピグミーやゴリラ、ニラゴンゴ活火山の登頂などが印象に残る。それまでは西洋人との旅。以後は山崎豊子著『沈まぬ太陽』の主人公、小倉寛太郎さんがつくった「サバンナクラブ」を知ったので、この会員との旅が多くなる。最初に比べ、行きたい気持ちは薄れていたが、行けば新発見で幸福。

翌年、マサイ・マラでのナイトサファリや北部メルーのゾウの大群でケニアの素晴らしさを再確認。3年後には、南部ボツワナ・チョベ川のボートサファリやジンバブヴエのカリ

家族4人で参加したケニアサファリ

バ湖でのウォーキングサファリで100頭もの水牛に囲まれて怖い思いをした。

さらに2年後、小倉さんと初同行のケニアでは、はぐれゾウの飼育場を見、マサイ族の学校竣工式に参加。翌年、ウガンダとケニアの北部のタルカナ湖へ。

1995年の8回目は家族4人（妻と当時中学1年だった長男、4歳だった次男）で日本人が作ったムパタロッジに泊まり、バルーンサファリもし、ケニア山へも訪れた。

2年後、見ることができないでいたリカオン（野生の犬）発見のため、ボツワナのオカバンゴへ。軽飛行機で行く数組しか泊まれないキャンプ地はサービスが良く、巣穴に生まれたてのリカオン16頭の子を見る。日没後に20頭ものライオン家族も観察。

翌年もまたボツワナへ、1泊10万円もかかるモンボキャンプでリカオンの迫力ある狩り、チョベ川でゾウの川渡りを見る。

次の冬、18年振りのタンザニアのセレンゲティでチーターの成功した狩りやサーバルキャットとの出会い。

次のケニアでは待望のヌーの大規模な川渡りや、チーターの5頭もの赤ん坊（妻と当時8歳の次男同伴）。

翌年、南部タンザニアへライオンと水牛の睨み合いを観察。3年後のケニアではヒョウのキツネ狩りやチーターの教育ハント、ヌーの川渡りを襲うライオンなど、無数の新発見。そして2005年、15回目。ンゴロンゴロ噴火口でライオンのシマウマ狩りや、ビル・ゲイツも訪れたタンガニー湖畔のマハレで数十頭のチンパンジーとの出会い。

私が一番面白いと思うのは、ライオン、チーター、ヒョウ、リカオンらの肉食獣が狩りをし、子育てをする場面。勿論、ゾウ、カバ、数少なくなったサイの巨大獣を筆頭とする草食獣も興味深い。最近では、夏頻繁にあるヌーの川渡りを見に、毎年訪れる人も多くなった。鳥も獰猛《どうもう》なワシから、美しいカワセミまで数百種。さらに我々と似た動きをし、すぐ脇に近づいても平気なチンパンジーとの出会いも劇的だった。それと私は、日没から夜にかけ無数の生き物の声が響く雰囲気に浸るのも大好き。より多くの人に訪れてもらいたいが、私のようにサバンナ病にかかると、金儲け最優先の日本社会は生きづらくなるかもしれない。

サファリへの誘い

ビジネス界の方に何が楽しいかと聞くと、ゴルフとの答えは多い。だが私は、運動音痴のせいか、何回やってもハーフで60を切れないので、かなり億劫《おっくう》である。それでは休日何をしているのと問う人もいるが、幸いマラソンとコントラクトブリッジに熱中しているので、余暇はとても充実している。だがこれは、誰にでも勧められる趣味ではない。

しかし、この他に私は、誰もが間違いなく楽しめるだろう趣味を持っている。それはアフリカのサバンナへサファリに行くことだ。旅は大好きで80カ国訪れているが、何度行っても最高に気分が良くなり、恍惚感にも浸れるのは間違いなくここである。

何が素晴らしいのかというと、先ず気候である。特にシーズンが7〜8月や12〜1月なので、日本の湿気の多い夏の酷暑や暗い冬を免れるのにベストである。快適な高原の気候は、日中は日差しが強く気温は上がるが、風があたるので気持ちよく、朝や夕暮れ時の涼しさは何とも言えない。動物の声を聞きながら、美しい日没を眺める気分は最高である。

昼と夜の気温の変化により、一日で夏と冬を味わえるのである。

　また、食事も空気がよいからか、日本よりもおいしいなと感じるのはここである。しゃれたロッジが数多くあるので西洋料理は何でも味わえるし、ケニアには日本料理店もあり、円高の時はとても安く食べられた。

　私がよく訪れるのは、東アフリカのケニア、タンザニアだが、最近、南のボツワナも気に入ってきた。とにかく、それぞれの風景の違いも、草原・ジャングル・砂漠・湿地帯・高山や大小さまざまの湖や川、すべて目を見張らせる。特に、タンザニアのンゴロンゴロ噴火口は、世界でナンバーワンの景勝の地であると私は思う。

　さて、何といっても最も興味あるのは、野生

サバンナのライオンたち

動物の動きである。ゾウ・サイ・カバなど世界トップ級の巨獣観察も面白いが、それより注目させられるのは肉食獣である。家族数頭でいることが多い百獣の王ライオン、夜行性で素早く獰猛なヒョウ、スマートで最も足が速く従順なチーター、さらにチームワークが良く、狩りの名手であるリカオンが好きだ（リカオンはボツワナで初めて見て感激。東アフリカでは見られなくなってきたが……）。

とにかく、こういう動物たちの親子の動きなどを観察していると、飽きることはない。

さらに無数の種類の動物がいるので、珍しいのに会えばまた面白い。例えばレイヨウでも何種類もいて、大型の立派なのを追うとか、小型の肉食獣サーバルやカラカルも珍種だ。トリも種類が多く、何万羽と集まったピンクのフラミンゴや、堂々としたワシなどは美を十分堪能できる。

私は10回訪れているが、今後ぜひ見たいものとして、①ヌーの川渡り　②肉食獣のハンティング場面　③巨大なニシキヘビ、他にもまだある。「アフリカの水を飲んだ者はまたアフリカに帰る」の諺《ことわざ》のごとく、何度も訪れる人は多いが、私も夢を追い続けるだろう。

アフリカには不安感を持ったり、興味の対象外という人も多いが、私は家族4人、当時4歳の子供も同伴で1週間ケニアを訪れたが、勿論皆楽しめた。

産業界でアフリカサファリが趣味の人はまれなので、私は異種ともいえるが、アフリカ好きが集まるサバンナクラブを通じたりして、学者・写真家・作家・映画監督・動物園長など動物関係者や、その他いろいろな業界の方と知己を得られた。

人生に悩み、思い詰めたら、ぜひ、アフリカのサファリを試みてほしい。

初めてのマライカ・サファリ（1988年）

私はそれまで外国のツアーでのみアフリカを旅していたが、この時サバンナクラブの皆さんが企画した「マライカ・サファリ・ツアー」に誘われた。このツアーの参加は以前からの夢でもあり、何とか時間をやりくりし、参加することにした。ナイロビに小倉寛太郎さんを訪ね、ケニア北部の通常のサファリでは行かない辺境地域を体験し、モーリシャス経由で帰国する2週間の旅。参加者は10名。全員がアフリカは3回以上のリピーターで、私も4回目。この旅でも新発見や初めての体験が続出し、感動に次ぐ感動で、東アフリカは何度訪ねても楽しめる世界最高のパラダイスであることを再確認した。

ナイロビ到着まで30時間以上もかかり、少々うんざりしたが、空港で小倉さんの出迎えを受け、日焼けした小倉さんの顔を見て皆元気を回復。午後は菊本嘉一さんが運営している孤児院「マトゥマイニ・チルドレンズホーム」を訪問。明るく元気な子供たちの顔を見て、ほのぼのとした気分のまま小倉さん宅へ向かった。ナイロビの中心から車で10分。庭も広い、しゃれた家。奥様も出迎えてくださり、小倉さんが撮影した素晴らしい写真集を見たりして、アフリカ大好きの一行のこと、楽しい話が弾み、時の経つのを忘れてしまった。

翌日は、ケニア北部のサンブルN.P.よりもさらに北にあるキカチ・キャンプを目指して早朝出発。道のりが長いため、北部砂漠の中の待ち合わせ地点へ到着したのは、午後もかなり遅くなってからだった。ここから先は普通のサファリカーでは通行できない悪路のため、キャンプよりジープが迎えに来るが、ジープが1台なので全員をキャンプに運ぶには2往復が必要。何しろ道とはいえないような坂を登ったり降りたり、おまけに川の中に入ったり、はて、どんなところへ連れていかれるのかと少々心配していたが、なんと実に美しい森の中にキャンプがあった。小川も流れ、山も見え、砂漠の果てにこんなところがあるなんてと、一同びっくり。この様子では、他にも面白いところがいろいろありそうだ。このキャンプの経営者はケニアで育ったイギリス人で、ここ以外にもザイールなどの数カ所の穴場にロッジを持っているそうだ。コテージも2人用でトイレ、シャワー付き。川の向こう側の丘には動物も多く、キャンプ近くの木の上に置いた肉を食べにヒョウも出てくるそうで、夕方が楽しみ。我々の第2グループはジープのエンストのため、日没後やっと到着。でも夕暮れ時の2頭のヒョウの出現には間に合った。ヒョウを眺めながら食べる夕食の味は格別、一同大いに感激。毎晩、確実にヒョウが見られるのはケニア中でもここぐらいか？

翌日は予定を変えてウォーキングサファリ。ゾウやバッファローのいる兆候はあちこちにあったが、幸か不幸か実物には会えず。午後はメルーN.P.を目指して急ぐが、日が暮れそうな6時半にやっとゲートをくぐる。ここは動物がロッジのすぐ近くまで来ると聞いていたが、さっそく数頭のゾウが目と鼻の先に出現。夜なので、やはり巨大な影は怖い。メンバーの一人が10mぐらいのところから懐中電灯で照らすと、こちらに突進してくる気配

触ることのできたシロサイ

エサをねだるロスチャイルド・キリン

を示し、慌てる。

翌朝のサファリでは、前夜ゾウの声が大きく聞こえていたが、200頭を超えるのではないかと思われる大群と遭遇。その壮絶さはとても書き表せない。しんがりの大きな雄ゾウが鼻を上げて車を威嚇《いかく》、迫力満点である。レッサークズー、アミメキリン、オリックスなども次々と姿を現し、動物の種類は豊富。名物のシロサイも散歩中の4頭を見つけ、触っても怒らない1頭をなでながら写真を撮る（帰国後、この4頭が密猟者に殺されたとのニュースを聞き、大きなショックを受けた）。

ニエリへ向かうが、アバーディアのジ・アークとツリートップスホテルは満員、仕方

孤児院「マトゥマイニ・チルドレンズホーム」

なく車でパークを一周。ここで数十頭のクロシロコロブスを見つける。その美しく優雅なこと。結局、ナクルで泊まることになる。12年前に訪れた時にはなかった大変立派なロッジが建てられている。フラミンゴの大群も見ることができ、今回のサファリは運が良いと感じる。

ナクル湖でフラミンゴを見た後ナイロビに帰り、最近その名が知られるようになったキリン・ハウスへ。ここは個人が運営しているところで、珍しいキリンの亜種ロスチャイルド・キリンが見られる。２階のバルコニーに出るとロスチャイルド・キリンが寄ってきて、紫色の舌を出してエサをねだるのには一同ビックリ。

ムパタロッジで（家族とロッジを経営する小黒さん）

そして、孤児院再訪問。メンバーの一人である吉田尚弘さん（神奈川県・幼稚園園長）の手品に、子供たちは「ガイイ！」と歓声を上げて大興奮。吉田さんの手品にも熱が入る。再度、小倉さん宅を訪問。ナイロビでスワヒリ語を教えている星野スクールの日本人女学生も来ていて、バーベキューをご馳走になりながら歓談。

さぁ、サファリもいよいよ後半に入り、今回の目的地はマサイ・マラ国立保護区。マサイ・マラN・R・のすぐ外にあるコッターズ・キャンプが根拠地となる。このキャンプはエリアの外にあるため、ナイトサファリやウォーキングサファリができる。もちろんマサイ・マラの中でのサファリも自由にできるという便利なところである。ここのロッジも観光シーズンのため子供連れが多く、込んでいる。我々は少し離れたテント・キャンプへ泊まることになる。ベッドがあるテントが6張り、それに食堂用の大テントが1張りというこぢんまりしたキャンプである。コックの作る料理はおいしく、美しい日没を眺めながらの食事は大変楽しい。ベッドの上でハイエナの鳴き声を聞きながら、いつの間にか眠ってしまった。

楽しみにしていたウォーキングサファリでは、ライオンの足跡や木の上のヒョウに食われた動物の骨などを発見してハラハラしたが、ライオンやヒョウに出会うこともなく、他の動物にも近づけなかった。しかしナイトサファリはスリルがあり面白く、昼間はあまり見られないウサギや珍しいブッシュ・ベビー、さらに夜しか活動しない跳びウサギなどを見ることができた。大型動物も、昼間は会えなかったエランドや、木陰から出てきたゾウとバッタリ対面。時には、目を光らせたライオンと出会うこともあるそうだ。

翌日は、マサイ・マラN・R・内のキーコロック方面に遠征。30頭を超えるライオンのプライドとハゲワシが大騒ぎしている食事光景に夢中になった直後、樹上からこちらを睨むヒョウとバッタリ。心臓はドキドキ、カメラを持つ手もブルブル。先日、小倉さんが言われた「東アフリカという大地の存在は人の思想を変えてしまう」との言葉が、全くその通りだと感じられた。

　ケニアでのサファリの後、モーリシャスで3泊。同行の斉藤文治さんや井口孝さんは植物園の珍しい植物や島の風景の撮影に熱中していたが、私は浜辺に大勢たむろしているトップレスの女性たちに気を取られがちだった。

訪ケニア使節団に参加して（1992年）

〈ケニアへの旅立ち――まずアディスアベバへ〉

７月23日、訪ケニア使節団は、先発の小倉寛太郎団長の待つケニアへ飛び立った。ナイロビで合流予定の山崎薫さんと村松寿満子さんを除く10人は、バンコックのホテルで休んだ後、最初のアフリカの地であるアディスアベバに降り立った。アディスアベバの街中は人であふれていた。とにかく、気持ち悪いくらいの人の洪水が我々のバスへ押し寄せてくる。山から重い薪を頭上に載せて降りてくる女性の多かったこと。貧しい国なのだなぁと深刻な気分になった。

今回の隊はエチオピア航空を利用し、行き帰りともバンコックとアディスアベバに１泊したので、片道に50時間以上を費やした。エチオピア航空は遅れに遅れ、トランジット手続きも面倒、旅行好きの私でも少しげっそりした。でも、ナイロビ空港にお出迎えいただいた小倉さんにお会いしたら、やはり浮き浮きとした気分になった。私は５年振り、５回目の東アフリカ、今回の団員は14人、小倉夫妻、吉田尚弘夫妻、千賀知津子さん、丹羽百合子さんなど私より訪問回数の多いベテランから、初めてアフリカの土を踏む人も4人いる。最年少の島崎彩さんは19歳、彼女と藤本ちかさんは、我々との2週間の旅の後も小倉夫妻とマサイ・マラ、タンザニア、と3週間もサファリを続ける由（いいなぁ）。我々のロッジを予約してくれた道祖神の山口さんも空港に出迎えに来てくれた（彼は私の7年前のアフリカ縦断の時の道祖神の担当でもあり、長い付き合いだ）。今回1カ月前の予約申し込みなのに、道祖神は速やかに手配してくれた。恒例のスタンレーホテルへ。市内はやはり以前より治安が悪くなっているようだ。夜、中華料理屋でこれからの予定を検討。

〈ツァボへ〉

翌朝、ロンドン経由で遅れて着いた山崎さん、村松さんが合流、朝食もそこそこに出発。最初の宿泊地はツァボイーストN.P.のボイだが、ナイロビからちょうど中間の静かなハンターズロッジという場所で休憩、お茶を飲んだ。ここは私をアフリカ好きにさせてくれた最初の本『ハンター』（確か小学校2年の時、母に読んでもらった記憶がある）の著者、J.A.ハンターが作ったロッジだそうで愛着を感じた。巨大なハゲコウ、木の上には雛《ひな》もいる。テリムクドリ、カワセミ、エジプトガンなどにも最初なので、皆夢中だった。

〈ボイロッジからの景観〉

バオバブの木を撮ったりしながら、昼過ぎにボイロッジへ。以前キャンプツアーの途中で通ったツァボイーストは、動物も少なく殺風景だったという印象しかなかったが、このロッジへ来てびっくり。眺めが素晴らしいうえに、ゾウの群れ50～60頭が下の池に集まっているではないか。おまけに、前には全く見られなかった数頭の大きなイランド（ゾウに比べれば小柄だが）やシマウマ（セレンゲティの種よりスマート）まで来て、水を飲んでいる。こういう光景を見るとやはり興奮してしまい、カメラのシャッターを押し続けた。離れてダチョウやバッファローの大群も見えた。何度も来られている小倉さん夫妻も、ゾウのこんな大群は初めてだそうだ。仔ゾウが泥に転がって遊ぶところが、何とも言えないほど可愛い。

夕方のサファリは、先ず近くのゾウ研究所へ。小原秀雄さんの弟子の中村千秋さんという女性が働いているそうだが、この日はお留守だった。死んだゾウやサイの積み上げられた骨に圧倒された。野外に放置していると虫や太陽により風化され消えてしまうそうだが、室内に置くとちゃんと形が整っていて、こうも多くのゾウが死んだかと、骨の多さ、大きさにびっくり。

その後、サファリではゲレヌクやインパラ、殺された水牛に群れるハゲワシなどに出会う。獰猛なライオンもいるのだが、何しろツァボは広いので姿を見るのが難しい。

日暮れ前に、密猟者に親を殺された仔ゾウの飼育場へ行った。8頭のゾウが飼われ、ミルクを飲んでいた。野に放しているゾウたちもいるが、水を飲みに帰ってきたりする。団員の村木一美さんは、ここにいる仔ゾウ1頭の名付け親だそうだ。サバンナでの第一夜は感動の中に更けた。

〈仔ゾウたちとのひととき〉

翌朝、日の出前からゾウの群れは水辺に来ていた。ロッジの庭からはトンネルが掘られていて、水辺のゾウのすぐ近くまで行けるようになっている。

朝のサファリでディクディクや高い岩場にいるクリップスプリンガーを見た後、前日の仔ゾウたちが採食・散歩している場所へ行った。アフリカゾウでも人に馴れていて、頭や鼻に触っても平気だった。人間には馴れているが完全な野生化は難しいようで、野に放し

私にじゃれてくるアフリカゾウ

た35歳の雌も野生ゾウと交尾しての妊娠はまだないそうだ。戸川幸夫会長の小説で『哀れなルーファス』というのがあった。やはりツァボで仔サイを育てたが、野生に放した途端にライオンに近づいて殺されてしまう話で、人が育てた動物を野生化する難しさが分かる。

次は密猟防止カーの贈呈式。残念なことに車はまだ着いていなかったが、勢揃いした背の高いレンジャーたちの勇姿は胸を打った。その後のサファリでは、珍しく座っているキリンを見た。

〈クロサイ・センターへ〉

午後は、その密猟防止カーが配備されるクロサイの飼育場へ。非常に遠く、車をひたすら飛ばしても1時間以上かかった。どこか北で捕らえられたものと、ナイロビパークからの2頭が檻《おり》の中にいた。気の荒いクロサイでも、馴らされているからか角に触っても平気だった。しかし、ここから野外へ放しても、数少ない野生種と交尾できるのか難しいと思った。私が最初に東アフリカを訪れた19年前は、ツァボやアンボセリ、さらにマニヤラ湖くんだりでもサイは頻繁に見られた。数の急激な減少は誠に残念に思う。

帰りに近くのルガードの滝に寄り、夕暮れのサバンナを飛ばして帰った。夜はロッジ下の池にライオンも現れたようだ。夕食後、パークやロッジの職員・家族を集め、吉田尚弘幼稚園長が手品大会をして大いに盛り上がった。

〈ツァボウエストへ〉

次の日はツァボウエストのキラグニロッジへ。途中、ヘビクイワシ、雌雄羽の色が違うダチョウ、赤茶けた色で走っているイボイノシシの家族などがいたが、圧巻は丹羽さんの見つけた樹上にたたずむフクロウだ。眠そうに怖い目でこちらを睨んでいた。私は野外で見るのはこれが最初。よく見つけたものだ。ツァボイーストを出る前に、最後に戸川会長の小説『密猟者の岩場』の舞台になった眺めの良いムダンダの岩丘へ寄った。わがグループは道中いろいろなものに興味を強く示すため予定時間を超過することが多いが、これは良い傾向だそうだ。さて、ツァボウエストに入り、私には3回目のキラグニロッジ（泊まるのは最初）、火事があったせいか位置が変わっていた。ロッジ前方の池にはホロホロチョウやサイチョウが群れていた。午後のサファリはムジマスプリングスへ。今回は水槽から、魚だけでなく泳いでいる巨大なカバも観察できた。ここの泉はとても澄んでいる。丸い石が多いので、ゾウなどは近づいてこないそうだ。

〈シマハイエナを見た！〉

夜、このロッジに必ず現れるといわれているシマハイエナを楽しみにしていたが、餌付け反対派の客の意見で餌付けはストップしていたらしい。でも今回は特別の配慮か、残飯が捨てられたので、9時過ぎ、実に不気味なオオカミの亡霊のような感じでシマハイエナがベランダの前に出現。滅多に、それも夜しか見られないので、死に神みたいな感じだ。ジーネットキャットも現れ、2種類も初めての動物に会え、興奮のうちに夜は更けていった。

〈アンボセリでのチーター〉

この日はアンボセリへ。ツァボウエストからアンボセリへの道は強盗団が時々出没し、100回に1回の割合で襲われる可能性があるとのこと。そこで小倉団長のご配慮により車は護衛付き、そして十数台連結で出発。大変物々しい雰囲気であったが、何とか無事火山灰の中を抜け、埃《ほこり》まみれの道を通り、アンボセリロッジへ着き、ホッとした。19年前に登ったキリマンジャロは雄姿を雲の上から見せている。いつ見ても王者の風格は十分。ロッジには日本人の小学六年生が50人も団体で来ていて、とてもびっくり（ボランティア関係の団体らしい）。

午後のサファリ、アンボセリは砂漠化し、動物は激減。ライオンもマサイに毒殺され全滅など悪い噂ばかりで、あまり期待はしていなかった。だが、早々幸運に巡り合った。車が集まっていると思ったら、草陰からチーターが頭を出していた。アフリカでのチーターとの出会いはまだ3回目、以前はンゴロンゴロとボツワナのチョベで見たから、ケニアでは最初。本当に美しくしなやかでスマート、写真の最も良い被写体になると言う人も多い。

息をのむゾウの大行進

遠くでよく見えなかったが、ヌーを食べているとのことで、びっくり。チーターはガゼルほどの大きさの獲物しか襲えないと本に出ていたのだ。このヌーは子供のヌーなのか？それとも大きいのを倒したのか、とにかく何時間見ていても飽きない獣。喜びに包まれ、ロッジに帰った。

〈感動的なゾウの行進〉

アンボセリ2日目は、6時に起き早朝サファリ。先ず昨日チーターがいた場所へ行ったら、ジャッカルがいてヌーの残骸《ざんがい》を食いちぎっていた。さて次に面白いドラマが見られた。私の筆ではとてもうまく書き表せないが、メンバー全員が敬虔《けいけん》な気持ちになってしまったのは事実だ。小倉さんが「ゾウの群れが二、三見えるでしょう。そのうちあれが集結して、こちらへ移動してくるはずです。朝食を抜いても待つ価値があります。食べたい人は帰ってもいいですよ。車を分けますから」。誰も帰らないで待った。

最初の群れは5頭だけで、200mぐらい離れたところにいた。それが一列横隊になり、こちらをしばらく見た後こちらに向かって歩き始め、車の横を通り過ぎた。2頭の仔ゾウはそれぞれ大人の間にはさまれていた。

次の群れの動きが圧巻だった。15頭ぐらいのゾウたちがバラバラで草を食べている。仔ゾウは親ゾウの脇で、なんということない光景だ。ところがどんな合図によってか、ゾウたちは一斉に食べるのをやめ、こちらに向いて横一列になった。そうしてあれよあれよという間に間合いを詰め、仔ゾウを中にはさみ、こちらへ向きシズシズと行進を始めた。車へ近づくと一斉に立ち止まり、こちらを睨む。だがまた聞こえぬ号令によってか、子供をしっかりと間に入れ行進し、あらかじめ団長の指示で空けてあった車間を通り抜けていった。書くだけでは感動を表せないが、ゾウのチームワークと頭の良さ、子供をしっかりと守る本能、人間の親も見習わなければならないなど、とにかく実際に見た人でないと分からない不可思議な感覚が皆を包んだ。こういう経験は小倉さんのツアーでしか味わえないようだ。その後はラーメンを皆で食べ、昼と夕方2回サファリをした。アンボセリの真ん中にある丘の展望台へ。パークはかなり姿を変え、砂漠化が進行し、以前はなかった湖が広がっていた。6～7年のことなのに自然の移り変わりは早い。夜、小倉さんが「東アフリカの動物の群れのつくり方」についての講義をしてくれた。四形態があり、（1）単雄群（一夫多妻型）（インパラのようにハレムをつくる種）、（2）複雄群（数夫多妻）（ゾウ、ライオンなどこの種）、（3）一夫一妻（ディクディクなど森林性の種が多い）、（4）独居性。全員興味深く拝聴した。

〈新校舎完成式〉

次の日は主要目的の一つ、ロルンゴスア小学校新校舎完成式だ。アンボセリN.P.を2時間で抜け、さらに1時間ぐらい走った道路沿いの場所で、ケニアのオレレケン大使と待ち合わせ。だが大使は急用でおみえにならず、奥様が来られた。そこから道路を外れ、林の中の狭い道を実に20㎞も行った辺境に小学校はポツンと建っていた。これはマサイ族専用の学校。彼らなら歩くのはいくらでも平気なので、僻地《へきち》でも構わないのだろうか。でも新校舎は前の貧弱な小屋に比べたらとても見栄えがする。30万円以上寄付された方の名前

ロルンゴスア小学校新校舎完成式

が、それぞれの教室に名付けられている。黒板には窒素の循環図なども貼られていて、授業のレベルもなかなかと思われた。

　完成式は老若さまざま、戦士から婦人、そしてそこで勉強している子供たちとこれだけ多くのマサイが集まっているのを見るのは珍しく、壮観だった。歓迎は素晴らしく、ヤギ肉やポテトをゆでた昼食もおいしく、その後の催し物のダンスや小学生の合唱には、ありがたいという気持ちがとても込められていた。この式には我々の他にも、現地のジェトロや大使館の若い職員も参加。最後に吉田尚弘さんの手品で拍手喝采の中、式は幕を閉じた。

　その日ナイロビに帰ったのは夜8時を過ぎていたが、日本倶楽部で夕食を取った。日本料理は久し振りなので皆２人分以上食べたが、良心的な値段だった。

〈シャバへ〉

後半に入り、北のサンブールへ向け出発。途中ショッピングしたりして、ナニュキで赤道を抜け昼食。昨夜の日本倶楽部で作ってくれた握り飯などをピクニックで食べた。イシオロを抜け、不毛の北部辺境地域へ。今回サンブルセレナロッジは満員のため、隣地区のシャバにあるロッジへ。ここがまた、砂漠の中のオアシスに建てられた素晴らしいロッジであった。風呂の湯もここはふんだんに出、しゃれたプールの水も適度に冷たく気持ちよかった。皆、上機嫌になり、ここに何日もいたいという人も。ここでも密猟防止カーの贈呈式をやるので、さっそくシャバパークへの正面ゲートへ行き記念撮影をする。この門は小倉ゲートとも名付けられている。ここは低地なので夜もそんなに冷え込まずに、虫の声など心地よく響く。脇を流れる川から上った砂地にはワニも見られた。

翌日7時からサンブールへのサファリ、私にとってここは以前キャンプツアーで3泊してから実に19年振り。以前来た時は肉食獣には会えなかったが、今回はどうか？　とにかく今回のツアーではライオンの姿をまだ見ていないので、絶対に探すということで出発。

シャバ地区からバッファロースプリングス保護区へ入ったら、すぐ発見できた。2頭の雌が寝そべっている。初ライオンに感激した人もいたようだ。次に、この保護区の名前の由来となったバッファロースプリングスへ。以前来た時にはなかった石囲いができ、動物は中に入れないようなので水は澄んでいた。前回は濁ってドロドロだったが、それでも同行の西洋人たちは平気でその中を泳ぎ、泥水で頭を洗って洗濯もしていた。

〈動物が増えたサンブール〉

その後、北部パーク名物の模様鮮やかなアミメキリン、きつそうなオリックス、そしてとても縞《しま》が美しいグレービーシマウマなど続々登場。特に、数頭のグラントシマウマとグレービーが一緒に集まっていたのは興味深かった。お互いに違いを意識しているのか避け合っていて、完全に交ざることはない。さらに、フサホロホロチョウやゲレヌクも発見。その後、ドライバーが脇道に入り必死に何かを探していると思ったら、チーターがいるらしい。探すのに30分もかかったが、他の団体のサファリカーと協力して遂に木陰に寝そべった4頭を発見、目前に近づいた。小倉さんもこのパークではまだチーターを見ていないそうで、我々の車だけが得られた貴重な体験だった。サンブルセレナロッジで休息。ここは川の対岸の木に夜、ヒョウが現れるロッジ。以前来た時より、ロッジの位置が川から離れたように感じた。それからサンブール保護区へ抜け、暑苦しそうに寝ている雌ライオンや数頭のエランド。この最も大きなレイヨウは以前はとても多かったそうだが、以前3回のサファリで私は探したが全く会えなかった。だが今回は各地で会え、数の復活が感じられた。エワソニイロ川を渡るゾウの群れは以前通りだ。さらに川の向こう岸を見ると、なんと8頭もの雌ライオンが心地よさそうに木陰で寝そべっていた。ここサンブールは20年前より動物の数、種類など増えているように感じ、うれしく思った。

〈ジョイ・アダムソン夫人のキャンプ跡〉

昼食後は、ジョイ・アダムソンがチーターのピッパを飼育していた場所へ連れていってもらう。パークを外れ1時間以上も走るので、かなり殺風景なところ。キリンの死骸があったと思ったら、数十m先をキリンの群れが一斉に何かに追われたように走り抜ける。とても迫力がある。どうしたのかと思ったら、道路脇に数頭のライオン。雄の立派なタテガミが見え、子供までいた。この辺りの動物は人間に会うことも少ないからか、サッと身を隠してしまう。アダムソン夫人の記念碑は寂しく建っていた。こういう人里離れたところで研究するのは、やはり並大抵の勇気ではできないと思った。帰り道は美しい夕日を堪能して戻る。夜は小倉さんたちと「日本の高いリゾートに比べ、こちらのロッジは食事を含めても1日1万円以下。快適さも比べものにならない」といった雑談をした。特に円高の今は安く過ごせ、行きどきであろう。

〈ヒョウがいたナクル湖〉

ナイロビへの帰り道はイシオロ、ナニュキを経てトムソンフォールズで一休み。そしてナクル湖へ、ロッジは美しい鳥が群れている。サファリに出発後、何か道路脇に倒れてうごめいている。何かなと思ったらイヌで、てっきり車に轢《ひ》かれたと思った。ところがなんとヒョウに背骨をやられたそうで、東側の山の上にヒョウが確かにチラチラ木の茂みの中に見え隠れしている。車が来たから逃げたのだが、いなくなれば戻ってきて、そのイヌを食うのだろう。イヌは半身が動かせず、痛そうにキャンキャン泣いている。ロッジで飼っていたのが、下に降りてきて襲われたようだ。弱々しいので不憫《ふびん》に思い、手当てをしてやりたくなる。吉田夫人も「可哀相に、仇《かたき》を取ってやるからな」と冗談。2頭いるヒョウはシズシズと山の中腹を徘徊《はいかい》している。降りてきそうにないのでそこを去った。イヌはどう

バブーンの襲来で大パニック

なるのか、いずれにしても体の半分は死んでいるので命は長くないだろう。動物同士の戦いは厳しい。

しばらく進むとバブーン（ヒヒ）の群れ。その1頭に餌をやったせいか、突然後続のサファリカーの屋根に登り、車内へ突入しそうになった。運転手は大慌て、車内はパニックに陥ったが、車を揺らしたのでバブーンは下へ落ちた。だが車内の人も座席に崩れ落ち、痛い目に遭った。動物には油断は禁物。

湖のフラミンゴは、5年前来た時に比べ3～4倍も増えているようだった。こんなに多いと、とにかく色にも圧倒され、不気味さまで感じられた。ともかく東アフリカの自然は底知れない迫力、醍醐味《だいごみ》がある。初めて来た村木一美さんは「日本のバードウォッチャーが東アフリカへ来たら、どんなに感動するでしょう」と言う。日本で2~3羽の鳥に感激する人たちもアフリカ無関心派が多いらしい。偏見はなくしてもらいたい。

その夜はナイバシャ湖畔のホテルに1泊。翌朝ボートサファリをしてナイロビへ。

〈サファリを終えて〉

私としては、小倉さんに初めて同行させていただき、実り多い旅だった。また、やはり小倉さんや吉田さんのようにご夫妻で、ずっと旅ができる方々はうらやましい。私も次回は家族全員で来たいと、この時願った（後に実現）。そして知り合いのすべての人に東アフリカの良さを味わわせたいと、いつも深く考える。

久し振りのセレンゲティと殉職レンジャーの遺族への支援（１９９９年）

1月、３回目だが、実に18年振りに憧れのセレンゲティをムゼー小倉ツアーで再訪することがかなった。前準備として、40年前に書かれたクシーメック博士の『セレンゲティは滅びず』や30年前の『罪なき殺し屋たち』（ラービック、グドール共著）、『ライオン―忍びよる黄金の影』（シャラー）、『ひとの生まれた木』（マシーセン）、そして15年前の岩合光昭さんの『サバンナからの手紙』を急いで再読した。そのうえで、雄大なパークがどうなったか期待と不安の気持ち半々で、観光シーズンとしてベストの1月、無理をして２週間の休暇を取った。

結論として、セレンゲティでは前回出会った動物の全種がほぼ見られ、新たにサーバルキャットやスティンボック、クリップスプリンガー、勿論何組ものライオンのプライドにヒョウやチーター5頭、最後にはハンティングの成功場面をチーターに見せてもらったが、これは私にとって初めての経験だった。私が世界一美しいだろうと感じているセロネラや

チーターの親子

ロボ周辺の景色も含め、この奇跡の平原は完全に健在で、かなり前から心配された衰退の兆候は感じられなかった。

　これに対し、ンゴロンゴロでは前回見られたチーターがいなくなり、湖の水が多いからかフラミンゴも少なく、ライオンにも1回しか会えず、やや物足りなさを感じた。最も失望したのが、マニヤラ湖で以前見た木登りライオンや、ハミルトン博士が研究していたアフリカで最も密度の高いといわれたゾウたちが消えていたこと。ここも私の憧れの地の一つだったが、自然の美しさは依然とどめているものの、やはり動物が少なくなったら骨抜きになってしまうという感じだった。気候や風景がいくら良くても、野生動物あってこそ

ヌーを捕食するワニ

のサバンナだとつくづく感じた。

野生動物の衰退に一番手を貸しているのは密猟者だろう。だから、これを取り締まるレンジャーが最も重要で危険な仕事をしているわけで、時には殺されてしまう。そこで殉職レンジャーの遺族を支援しようとわがサバンナクラブが寄付をしているのだが、わがサバンナクラブはこんな活動もやっているのかと私も改めて感心した。今回、事前の手配のおかげで、セロネラとマニヤラ湖でそれぞれ遺族と会ったが、親子ともども大変感謝した様子で、明るく小倉団長たちと話されていた。しかし、こんな可愛い子供たちを残して、さぞ心残りだったろうと目頭が熱くなる。サバ

凜々しい表情のチンパンジー

ンナクラブは現在、年に2700米ドルの援助を会員からの寄付でまかなっているので、今後も会員一同協力しようではないか。

サバンナはいつも新鮮。14回目、数々の新体験（2003年）

14回目のサファリは4年振りのケニア。前回同様、阿部昭三郎さんに同行させてもらい、8月11日から23日までの日程だった。しばらく間をあけていたのは、これ以上行ってもマンネリとなり、感激が薄れると思っていたこともある。

ところがそれは大間違いで、数多くの新しい体験があり興奮の連続だったので、それを報告したい。

①　チーターが2頭の子に狩りの訓練をさせていた。以前もガゼルをハンティングするのを見たが、今回はガゼルをすぐには殺さず、追っかけたり、横に置いて可愛がるようにしたりで、息を止めるまで1時間ぐらいあったようだ。ガゼルの必死に逃げようとする試みは哀れだったが、もう少しおとなしく我慢していれば助かったような気もする。
（マサイ・マラN.R.で）

②　ヒョウのハンティングを見た。木の上のヒョウを発見すると、そのヒョウが降りてき

て、しばらく走り、平地にいたオオミミギツネを捕らえた。まずかったのか、あまり食べなかったようだが、阿部さんもヒョウのハンティングは一度しか見たことがないそうである。

(サンブルN.R.で)

③ ガゼルの親がジャッカルを追いかけた。子を殺されそうになった親が怒り、ジャッカルを追って逃げさせたのにはびっくり。結局、ガゼルの子は殺されたが、ツアーメンバー全員にとっても初体験とか。

(マサイ・マラN.R.で)

④ ヌーの川渡りにライオンが登場した。川渡りは数回見たし、話にも聞いていたが、実際にライオンが現れ、川辺に降りてヌーを捕食しようとしたのには驚いた。

チーターの狩りの訓練

（マサイ・マラN.R.で）

⑤　チーターの殺した獲物をハゲワシが奪い、さらにジャッカルが……。このシーンも1時間続き、面白かった。3頭のチーターはインパラを食べきれず、近づいてくる無数のハゲワシを追い払えなかった。何十羽が食事しているところに、1頭のジャッカルが突っ込んだのにはびっくりした。

（マサイ・マラN.R.で）

⑥　シマハイエナ（サンブルN.R.で）、さらにブチハイエナ（マサイ・マラN.R.で）の生まれたての赤ん坊に初出会い。

⑦　車の後ろに積んでいるスペアタイヤにチーターが乗っていた。

タイヤに乗るチーター

（マサイ・マラN.R.で）

⑧　川渡りで渡河したシマウマが、仲間が来ないのを知って引き返したこと。

（ナクル湖N.P.で）

⑨　大変たくさんのフラミンゴが一斉に飛び立ったのを初めて見た。

アフリカのサファリは何度繰り返しても新しいことが体験でき、決して飽きることがないことを学んだ。

一面のフラミンゴ。飛び立つさまに感動

15回目のサファリ、ライオンの狩りを見る（2005年）

セレンゲティは4回目だが、夏は31年前に1泊しただけ。30年振りのンゴロンゴロのワイルドライフロッジはテラスやそこに住むカラス、暖炉も昔そのままの雰囲気で、何とも言えない懐かしさを感じた。でもテラスからの眺めは湖が干し上り、レライの森も木が少なくがっかりした。

だが今回の火口原では、生まれて初めてライオンの成功した狩りを見た。初日数頭が瀕《ひん》死《し》で泥の中にいるカバを襲おうとしていたのも驚いたが、2日目水牛を倒し食べていた同じプライドから300mぐらい離れたところを、やつれ気味のシマウマが1頭横切った。1頭の若雌が食事中にもかかわらず、きっと目を上げて走りだした。何かと思ったら、やはりそのシマウマが目当てで、こっそりあっという間に接近し、目が合った途端に尻に噛《か》み付き、仲間もすぐ集まり押し倒した。

シマウマは数十分仰向けでもがいていたが、雄や数頭に押さえられ息絶えた。ライオンの目ざとさ、チームワークはさすがと思った。ンゴロンゴロではサイの数が減っているのが気掛かり。火口壁を越え、どこかへ行ってしまうのは信じ難い。

ロボ、セロネラ（2泊）で過ごしたセレンゲティだが、草原はやはり冬の緑の方がずっと美しく、ヌーが少ないのも寂しい。でもライオン、ヒョウ、チーターには確実に出会え、そして大群のゾウやカバ、以前は会っただけでも興奮したのだが、最近それだけでは物足りない不遜《ふそん》な気持ちも多くなったのだろう。夕暮れのセロネラロッジの雰囲気はやはり好きだ。

シマウマを押さえるライオン

カバのいる沼をうかがうライオン

それからマニャーラ湖のニューセレナホテルに昼食に寄ったが、ツーリストでとても活気があり、ナイトサファリやマウンテンバイクのサイクリングなどが客用に活発に行われ

軽い身のこなしで木に登るヒョウ

ているのはうれしかった。
タランギレの樹上のライオンとヒョウも印象に残る。
さて、数年前から何としても訪れたかった、タンガニーカ湖畔のマハレ、ビル・ゲイツがハネムーンで泊まったというので、リゾート地と想像していたが、湖畔にポツンと食堂とバンガロー風のコテージがひっそり。近くにチンパンジーの気配もない。京都大学の研究所も質素で、まだ未開の土地と感じた。
だがジャングルを歩くサファリでのチンパンジーとの出会いは、午前、午後とも1時間半の探索後だったので、とても劇的。午前は山をずっと登っていくと声が近づき、山から駆け降りてくる集団と遭遇。午後は薮《やぶ》の中を必死にかき分け、やっと森のくぼ地で休んでいる家族を発見。一番びっくりしたのは、すぐ脇を我々が通っても彼らは全然物怖《ものお》じせず、同類のように思い、悠然と通り過ぎること。ゴリラなんかでは、これは無理と思う。木の棒を入れるシロアリ捕りやふざけたレスリングも見られる。おまけに夕暮れ、ロッジの裏のマンゴーの木の実を食べに来た10頭の群れにも会えた。樹上で落ちそうになりながらの実の採り方や食べ方、食後仰向けになる休み方など、人間にそっくり。とにかく他では全く味わえない体験が得られたが、参加者が6人しかいなかったのは何故なのか？　3日目は山の奥へ入り込んだが、樹上の高いところを動く1頭を見ただけ。運が悪ければ出会いもないつまらない旅になることもあるかなと思った。

さて、15回も続けて私に強烈な感激と思い出を与えてくれたアフリカのサファリ。私はこの時92カ国を訪問していたが、他の国ではこれは味わえない。こんな楽しいことはないと、一生嫌われても（まだ誤解している日本人が多数）言い続けるつもりだ。

16回目、改めてマサイ・マラの良さに酔う（2008年）

〈夕刻のヌーの川渡り〉

東アフリカは3年前のチンパンジーツアー以来、ケニアサファリは5年振り。前回同様、阿部昭三郎さんに同行させていただいた。今回メンバーは阿部さんと若い女性助手の遠藤誠子さん、それと毎回同行されている保坂孝二・佳代子夫妻と友人の千葉さん、それに私の6名だけ。価格がかなり上がったからか、北京オリンピックのせいか、マラセロナロッジへ泊まる日本人も少なかった。

それも知り合いばかりで、最初から10日間一緒だった大西靖夫妻、途中から一緒だった高岡さん（昔ボツ

一列の河渡り

川を渡るため崖を滑り降りるヌー

ワナツアーで一緒）や宮島英一さんグループ。後、マサイ婦人の永松さんがツアーで昼食に訪れた。それから、行きの飛行機やナイロビで小原秀雄父娘とご一緒になった。
　同一ロッジに11泊も続けて泊まるのは初（今までは4泊が最高）、退屈を心配したが16回目でもそれはなかった。ヌーの川渡りは随分待つことが多かったが、結局ロッジの近くで4回、チャイニーズポイントで1回見られた。特に後者は4時頃から渡りそうだとずっと待機していたが、数百頭が川縁まで下りて引き返してしまう。
　業を煮やした阿部さんは6時に引き揚げ、20台以上いた車は我々と大西車だけになった。夜、ナイトサファリが7時からあるので6時15分に引き揚げようと言っていたら、6時10分、1頭が飛び込み、1000頭以上の大迫力となった。最初の1頭の動きが重要である。近場の川渡りは初めて見る。ワニとの戦いが圧巻だった。巨大ワニは、のんびり寝ていても川渡りが始まると大変なスピードで泳いでいく。ヌーを水中から捕らえるのだが、捕まったヌーも力を振り絞り逃げる。その途端、外国人観光客がワーッと拍手をする。ワニとヌーの命がけの戦いはとてもスリルがあった。

人気№1のチーターには小さい子供は見られず、よく見たのは母親と2歳ぐらいの兄弟だった。車に親しくじゃれついたりして可愛い。狩りもハーテビーストの群れを猛烈に追いかけたり、子供がジャッカルを捕まえようとしたりするのが見られた（実際ガゼルを狩ったのは見られなかった）。レンジャーはしょっちゅう巡回していたが、前年ほどうるさくはなかったようだ。

今回の主役はチーターよりライオンで、ヌーの体をそのまま くわえて歩く雄ライオン。そして私が34年前マニャラ湖で見て以来の2頭の木登りライオン、やはり得意ではないようで、かなり苦労をしていた。びっくりしたのは、最後にマラ川の急流を2頭のライオンが渡ったこと。渡る前かなりためらっていたが、カバやワニの間を素早く顔だけ出し100mも懸命に泳ぎきった。滅多に見られないだろう。

〈マサイ・マラは素敵な観光地〉

ビッグファイブやゾウや水牛は勿論、日本に留学経験がある目の良いドライバー、デービットのおかげでブリシュの中を歩くヒョウ、そして最後の日にクロサイまで見られた。その他、主な動物は珍しいキンイロジャッカルとかを含めて大体見られた。トリもたくさんのヌーの死骸に集まるハゲコウ、ハゲワシをはじめ、ナマズを捕っていたアフリカトキコウ、さらに一番美しいトリといわれているマラカイトウ（カンムリカワセミ）まで写真に撮れ、満足。カンムリヅルもヌーの川渡りの脇で見つけ、いつも出会う種には大体会った。

それと久し振りに昼食に訪れたムパタロッジ。ここは日本人の新婚カップルや家族が多い。こ

2頭のライオンは無事に河を渡り切った

ヌーの死骸に群がるハゲワシとハゲコウ

こで支配人をしている女性の市原さんは、もう7年もいる。日本には年1週間帰るだけで十分、何があろうと構わなく、サバンナでの暮らしがいつも幸せだとのこと。病気にも3回ぐらいなったが、すぐ回復。いくら私がサバンナ好きでも、ここまで日本を捨ててここにずっと暮らす根気はない。大学在学中から阿部さんの助手として頑張る遠藤さんといい、日本の若い女性の決断は素晴らしい。

一緒にムパタに同行した千葉さんは建築会社の社長なので、石を中心としたロッジの建て方やさまざまな家具、水（マラ川からくんでいる）をどうしているかと、いろいろと興味を持たれていた。

ナマズを捕らえたアフリカトキコウ

いずれにしても7回目のマサイ・マラ、10日いても面白い。夏のマサイ・マラは冬のセレンゲティ、夏のオカバンゴと並んで世界で最も素敵な観光地だと、96カ国訪れている私は断言したい（サファリ好きだから偏見はあるかもしれないが）。

18回目、アフリカ初心者との旅

これまでサバンナクラブの人達と訪れる事が多かったサバンナ。今回初めて初訪問の人と行こうと思い立ったのは昨年末。普通のツアーでは物足りない。やはり私が最も好きな夏のマサイマラ中心に、でも初めての人だからキリマンジャロやナクルのフラミンゴも見せたい。

そこでいつもお世話になっている、阿部昭三郎さんの助手だった遠藤誠子さんに手配をお願いした。7月末から8月末までアンボセリ1泊。アバーデア1泊、ナクル1泊、ムパタロッジ2泊、過去3回泊まったセレナロッジ4泊位、3人同行者が決定したので3つ部屋ということ。遠藤さんは良く働いてくれ、予約の最も取りにくいセレナロッジも8月末5泊取れてアントニーという昔からのドライバーも紹介してくれ、そして初の大韓航空、ソウルから14時間、価格はなんとエコノミーが18万に対しビジネスは56万、1人の女性と男性同伴者はビジネスにしたが、私と友人は勿論エコノミー。大韓航空は行きも帰りも満席、思ったより寝られた（4時間位）。

火災にあったナイロビ空港はやや殺風景だったが、荷物も見つけ、ドライバーともすぐ会えて6時出発。アンボセリまで5時間、20年振り。曇っていたので心配だったが、やはりキリマンジャロは見えなかった。それでも初のナショナルパーク、同行者は沢山のゾウに、「すごいゾウ」と喜び、多くの水鳥や獰猛そうな1頭のアフリカ水牛にも感激。重なり合ったシマウマや乳を飲むヌーは珍しかった。

〈ゾウだ、キリンだ!!〉

パークの真ん中のロッジにも（セレナ）びっくりしていた。湿地で数十頭のフラミンゴを見たと思ったらライオンの雌。同行の66歳男性は、「カナダやアメリカに比べこんなに動物が多いとは」と言う。小便をしているハイエナ、へビクイワシ、アフリカトキコウ、カンムリヅル、サンショクウミワシ、カワセミ。鳥にその人は詳しいので喜ぶ。キリマンジャロも雲の中から日没に姿を現し、月が満月で良かった。

夜、ロッジのすぐ横にゾウも現れ、私の『世界100カ国訪問記』を読み、ここにどうしても来たいと言ったお寺の奥様も夜のロッジの雰囲気に喜ぶ。翌朝キリマンジャロも見え、パークを出てケニア山が見えるスウィートウォーターロッジへ向かう。アバーディアの木の上のホテルよりこちらが良いらしい。ドライブは長かったが、涼しい気候には皆満足。８時間のドライブでパークへ。飼育されている数十頭のチンパンジーとクロサイを見た。

パークでは数頭のアミメキリンに「キリンだ！　野生はすごい」とびっくり。イボイノシシ、インパラのハレム（一頭の雄が数頭の雌を従えている）にも驚く。赤道の看板の前で写真を撮る。赤道がこんなに涼しいなんて。初心者は何にでも感動するので楽しい。スウィートウォーターのキャンプロッジは荒野の真ん中でずっと先まで見

ゾウの行進

渡せ、走るハイエナやウォータバックに感激。びっくりしたのはロッジ前の池にシロサイが一頭、夜現れ水を飲んだことだ。ケニア山も翌朝少し見える。バッファローの大群になんと三頭のチーターも現れ、じゃれあうのをゆっくり見られた。

パークからトムソンフォールズまで2時間、昼食をしてナクルへ。残念なことにフラミンゴはいなかった。しかし、シロサイ、樹上のライオン、圧巻は、ライオンのプライドの数頭が殺されたキリンに群がるのに遭遇。私はこれを南アで過去1回見ただけ。同行者は大喜びで、こんなに近くにライオンが来た、自然の驚異を見たと大喜び。ナクルのホテルはセレナ系に統一したので、

キリンの群れ

ツキノワテリムク

パークの外の「レイクエレメンテータセレナキャンプ」という高級ロッジだった。

私の友人は喜び、アフリカは本当に素晴らしいと言い、夜のロビーでアフリカの音楽の演奏を12時迄聞き入っていた。ベッドに湯たんぽが入っているのも嬉しかったようだ。

〈こんなにトリが集まるなんて!!〉

翌日、マサイマラまで遠いので、ドライバーアントニーの機転で途中ナイバシャ湖のボートサファリをした。私はボツワナでは何回もしたが、東アフリカでのボートサファリは初めて。カワウ、ヘラサギ、トキコウ、カワセミ、カバ、ウォーターバック、ヌー、最も良かったのは多くのペリカンの飛翔。同行者は「日本ではこんなに鳥が集まっているところはない、素晴らしい」とまた感激。ここからマサイマラ迄の道は、特に近づくととてもガタガタで、こんなにひどい道があるのかとびっくり。それでも山上のムパタロッジに着くと喜ぶ。

ここで11年も支配人をしている女性の市原さんに再会できたのは嬉しい。彼女はＯＬで2回旅行の後、ナイロビの星野スクールで学び、その後このロッジへ。こちらが好きで日本には年数回しか帰らないそうだ。でも彼女のおかげで経営者小黒さんは助かるだろう。彼から我々のグループにワインの無料サービスがあった。彼はソトコトマラソンの時、高橋尚子さん同伴で来るそうだ。ここの屋外ジャグジーに入るのも14年振り。同室の66歳

平和な光景（カバ）

の石井さんは、「私も世界はかなり回っているが、カナダやオーストラリアよりもケニアははるかに素晴らしい！　65歳過ぎて人生観変わった」とジャグジーからの朝日を眺めながら喜ぶ。私も嬉しい。

〈マサイ・ダンスに大喜び〉

ムパタでは8割の客は日本人。翌朝はサファリの代わりに近くのマサイ部落見学。植物の説明も兼ねる。火の起こし方や槍の投げ方も習う。マサイの踊りや、泥と牛のフンの家には感心する。昼食はカツ丼や親子丼の日本料理。午後のゲームドライブは山を降り、マラ川の逆サイドへ。ライオンの大きなプライド、ゾウの群れ、数多くのバブーンにも会う。

このロッジでのマサイダンスも彼らは喜んだ。その夜、赤い月が上り神秘的だった。さて、待望のセレナロッジ、マラパークへ入ったところで、数頭のキリンの体のぶつけ合いを見た。戦っているらしい。しばらく行くとエランド。だが、ここで初めての絶望。市原さんに、今年はヌーがケニアに来たのが早く、大半はタンザニアに帰ってしまったと聞いた。どうかと思って見ていると、セレナロッジまでの2時間、ヌーには1頭も会わない。これは来るべき日を間違えた。これでは川渡りも見られずドラマも少ない。がっかりし、どうしたものかとドライバーに泣きついた。
チェックイン、でもロッジは混んでいるよう。いつも阿部さん同伴の時のような良い部屋は泊まれない。がっかりしながら午後のサファリへ。アントニーは他を調べるという。ところが30分もしたら数頭のヌー、しかもその後、列をなして走っているヌーの群れ、チャイニーズポイントのあたりには沢山いた。走って土手を越えたのを同伴者も感激。親子チーターにも会えた。

〈チーターのハンティング〉

セレナロッジは予約が大変だからか、最後の日まで日本人に会わなかった。西洋人や中国人の賑やかさに同伴者はびっくり。今回、中国人の妨害はサファリでは感じず良かった。翌朝は色々なもの、まずは歩いているカバに、ハイエナの群れ、チーターにゾウの親子、ジャッカル、ヘビクイワシ、それから数頭のハイエナがヌーをむしゃぶりつくしているところ、昼間は珍しい。さらに、たたずむ2頭の雄ライオン、それから今回初めて会うハゲワシ。やはり気味悪い。ハゲコウも混じる。そしてさらに行くと昨日のチーターの親子。ダッと走りオリビを捕えてしまった。親が運び子に食べさせるのは迫力。さらに少し遅れたが、ヌーが川を渡り終えるところ。1頭が怪我をして急な崖を登れず落ちてしまうのは切実さを感じた。午後は女性たちは休憩。

その日から次の日までヌーを追ったが、なかなか川を渡らない。何度も来ては引き返す。5時半頃、やっとシマウマが先頭を切り、下に降り渡ったら、やっとヌーが続き、数百頭が目の前を渡る。同行の女性が「あ、渡っている、すごい！」渡ったヌー達に、良くやったと激励。私の友人はセレナの5泊は退屈すると思ったが、そんなことはなかった。翌日は2時間マッサージして休む。

ロッジの西洋料理もとても美味しく、

オリビを捕らえたチーター

バイキングで色々食べられ満足そうだ。夜寝る時、音がしたので外を覗いたら、巨大なカバがすぐそばで草を食べていたのにはびっくりしたそうだ。

〈旅で人生の進み方を教えられた〉

自然の素晴らしさや重要さ、夕陽の美しさは来てみないとわからないということ、これは3人とも同意見で、もっと大勢の日本人が来るべきだと一致した。

最終日の前日、ライオンの食事を見るジャッカルとハゲワシ。外に下りて食事。タンザニアとの国境、そしてキーコロックサイドへ行き、沢山のヌーの死骸が流れ着いて、ハゲワシ、ハゲコウの群がる死の川には、皆、目を見張った。午後は私と友人2人だけだったが、チャイニーズポイントtに着いた途端、ヌーが飛びながら川を渡り始めた。こういうこともあるのかとびっくり。途中、ワニが出現し、1頭を食い殺すとそこで川渡りは止まった。私の友人はスマホで川渡りを撮った。ビデオのような使い方もあると私は感心した。次にシマウマが渡る地点へ。だが、対岸のカバを恐れて、渡ってから引き返す。

最終の日は、ライオンの子4頭連れを見る。朝食はワニやカバが見える地点で食べる。ナイロビへは飛行機で帰る。動物の肉を食わせるカーニバルで、夜は日本料理。初心者を連れての旅はさらに楽しく、夏のマサイマラは世界一素晴らしい観光地と、確信が強まった旅だった。

19回目のサファリ　タンザニア

今回、冬は予約が取りにくいンズッロッジが4泊できると言うのでサントリーの佐治会長夫人を含め6人のツアーを組んだ。初めての方が2人、70歳以上が3人であるが今は別に普通だ。

最初の泊り地アルーシャで日本のスマホで見つかった美味しい中華料理屋へ。こんな果てまでわかる日本のスマホは素晴らしい。

最初のパーク、タランギーレは珍しくとても暑くプールは超満員。バオバブとゾウの景色は勿論、ライオンが殺したヌーに沢山のハゲワシが群がり、それをライオンが突進して追い払ったりジャッカルが

生まれたてのチーターの赤ちゃん

カバとワニ

現れもつれたりとても面白かった。

ンゴロンゴロでは老ゾウがカバや白サギの間を抜けゆっくり水を飲むのが印象的。ゴイクトクの泉のトビは相変わらず獰猛。ダっと飛び降りエサをさらう。セレゲンティーの昔から泊まっていたセロネラロッジは今閉鎖なのでセレナロッジへ。ここでの見物はケニアのマラ等ではあまり見られない。巨大コビエ（岩）の上のライオン家族、それにアカシアの上に寝そべる数頭のヒョウ、どちらも興奮する。近くの河でカバとワニが争っていたのも面白い。

ンドツウではハイエナの交尾、もう少しのヌーの出産シーン等、さらに久し振りに見る、生まれて2週間の子チーターや完全にあお向けに寝そべっていたライオン等、皆に喜ばれる写真が多く撮れた。ここはチーターが多く、狩りも良く見られるそう。皆が収穫をたっぷり得て帰った。このサファリで作ったカレンダーは好評だった（ハゲワシの交尾も入れた）。

猫のように寝そべるライオン

20回目のサファリ　ナミビア

砂漠はサハラで良いと思って今まで未訪問だったが、意外とここはアフリカ初心者の人でも行くので、私も一度はと思いユーラシアの2週間の旅に参加、やはりエトーシャが無数のゾウ、キリン、シマウマ、オリックス、ダチョウ、スタインボックが水辺に集まりとても壮観だった。（こんなことは少ないそうだ）今までのサファリで見られない光景。ヴォルビスベイのオットセイの大群にも感動した。

その他、ヒンバ族やブッシュマン、それに最近有名になった朝日が美しい、デットフレイや

ブッシュマンの壁画（ライオンが中心に描かれている）

大昔のブッシュマンの壁画、登るのが大変な大砂丘も見る価値はあると思った。

　このツアーは、リタイアされた3組の夫婦が参加、2組は何十回と一緒に海外旅行、85歳の1組の方が、昔の主要取引先の明石製作所幹部だったのはびっくりした。

　ナミビアの写真は雑誌シンラの巻頭頁に載せてもらった。

　私はカメラは詳しくないのだが、撮った写真は評価されることも多い。意欲さえあれば良い写真は撮れるのかも。

エトーシャ

フルマラソン100回（以上）への軌跡

マラソンについて

何故100回も走ってしまったのか?

主要な理由として、他のスポーツは苦手。例えばゴルフは体が硬いからか、平均140ぐらいたたいてしまい、劣等感にさいなまれ、嫌な気分になる。

小中学校時代も体育はクラスで一人〝D〟のことが多かったが、中2の時、東京オリンピックを見て、スポーツの素晴らしさに魅せられ、無謀にも体育会陸上部に入ってしまった。

幸い、当時体重は52kgで長距離に向き、心臓の酸素摂取能力も高く、筋力がなくても半年で他の部員並みに走れるようになった。その後、毎日走るのが嫌になったりしたが、大学では箱根駅伝があった。当時は今ほど注目されていなかったこともあり、わが母校慶應《けいおう》でも毎年出場のチャンスはあり、充実した学生時代だった。

だが、卒業後15年間のブランクで体重は25kgも増えた。時代は変わり、女性や一般市民がマラソンレースに出るようになる。そこで代々木公園を楽しく走る会、ＩＢＪと遭遇。昔速く走れたのを思い出すと空しいが、これからは健康のため楽しく走ろうと決め、その会の人とレースに出場し始める。

最初はフル制限5時間の河口湖マラソンもなかなか完走できず、膝を痛め1カ月間歩行不自由だったり、真夏のレースで意識を失い救急車で運ばれたことも。練習しないので体重は増え83kgに。そして骨折し、その後エコノミークラス症候群で命の危険も。だが幸い入院で体重が17kg減ったので（2年後に10kgリバウンド）、多少走りやすくなる。

そしてサロマ湖、四万十川の日本二大１００kmレース。どちらも関門が多く（特にサロマ湖は80kmが10時間制限で厳しい）、制限も13～14時間で仲間から絶対不可能と言われていたのが、どちらも涼しかったこともあり、苦しまずに完走してしまった。これが自信となり、いろいろなレースに記録よりも観光目的で参加。それでも週に平均1～2日の練習では、体重は減らず速くもならない。

ただ一昨年57歳の時、そろそろ引退を考えていたが最後に頑張ろうと思い、国立競技場でインターバル・トレーニングをしたり、レース前にアミノバリューを飲むなどして、真剣に取り組んだ。10kmレースでは、それまで走れなかった50分を2回切る。4時間半を切るのが難しかったフルマラソンでも、長野で4時間12分が出た。そして暑さのため毎年完走できないサロマ湖１００kmも、10年前より10分早い12時間12分。さらに夕方6時出発、夜寝ないで6回もきつい山の登り下りをする萩１４０kmも23時間で完走。記録で進歩が証明されるのがマラソンの素晴らしさ。50歳過ぎても、体力は必ずしも衰えない。

サロマ湖100kmのゴール

この他、国内では７つの橋を越えるしまなみ街道や島一周する宮古島や隠岐の島の１００kmレースがやはり印象に残る。私は１００kmだといっても、特に練習は増やさない。ただマイペースで走り、半分の休憩地で10分は休む。そうすると後半楽になり、42・１９５kmのフルマラソンよりはずっと快適にゴールすることが多い。

100回のマラソン（フルマラソン42.195㎞以上）

1989年 38歳	ホノルル
1990年 39歳	ニューヨーク、河口湖
1992年 41歳	ホノルル
1995年 44歳	かすみがうら、星降る夜
1997年 46歳	田沢湖、四万十川（60㎞）
1998年 47歳	マウイ、荒川、サロマ湖（100㎞）
1999年 48歳	マウイ、ニューカレドニア、秋田（50㎞）、四万十川（100㎞）
2000年 49歳	荒川、ロンドン、野辺山（50㎞）、サロマ湖（74㎞まで）、伊平屋ムーンライト、
2001年 50歳	宮古島（100㎞）、佐倉、掛川、萩往還（70㎞）、サロマ湖（70㎞まで）、ノルウェーミッドナイト
2002年 51歳	済州島（100㎞）、チャレンジ富士五胡（77㎞）、しまなみ海道（100㎞）、サロマ湖（70㎞まで）、ゴールドコースト、ホノルル
2003年 52歳	勝田、荒川、ボストン、野辺山（70㎞）、サロマ湖（100㎞）、奥武蔵（67㎞まで）、丹後（45㎞まで60㎞）、夢舞、四万十川（60㎞）、つくば、青島太平洋
2004年 53歳	勝田、済州島（200㎞）、かすみがうら、鯖街道（80㎞）、サロマ湖（65㎞まで）、久米島
2005年 54歳	与論島、大島（60㎞）、長野、阿蘇カルデラ（50㎞）、くり山（100㎞）、奥武蔵（46㎞まで）、夢舞、隠岐の島（100㎞）、つくば
2006年 55歳	宮古島（100㎞）、タヒチモーレア、6時間走（45㎞）、荒川、掛川新茶、奥武蔵（75㎞）、ベルリン、夢舞、ホノルル、モロカイ
2007年 56歳	東京、湘南、かすみがうら、いわて銀河（50㎞）、サロマ湖（55㎞まで）、白神アップル
2008年 57歳	東京、6時間走（45㎞）、荒川、長野、萩往還（140㎞）、新緑の奥武蔵チャレンジラン、サロマ湖（100㎞）、えちごくびき野（50㎞）、福知山
2009年 58歳	東京、長野、萩往還（130㎞まで250㎞）、南アコムラッズ（90㎞）、いわて銀河（80㎞まで）、夜叉ヶ池（75㎞まで140㎞）、北海道、仏メドックワイン、下関海響、東レ上海
2010年 59歳	能登和倉万葉の里、大島、ロトルアNZ、チャレンジ磐梯吾妻（70㎞）、サロマ湖（42㎞まで）、モロカイ島、アラスカ（50㎞）
2011年 60歳	鳥取、さくら路270㎞（115㎞まで）、大阪、奈良
2012年 61歳	海部川風流、神戸
2013年 67歳	東京

【コラム】

編集長から
森村さんのサロマでの走りに下条編集長も脱帽？

●本文中にもあるように、今回のサロマ湖は寒さと雨という「ゆっくりランナーには過酷」な条件下で行われました。ただ、そうとも言いきれないという事実が私の身近なところであったのです。彼、森村俊介氏（47歳）は数年来の走友ですが、今回100km初挑戦。昨年10月に四万十川60kmは完走しているものの、今年になって3月のマウイマラソンは30kmで暑さから歩き5時間18分。4月の掛川マラソンは30kmの関門でリタイヤ。5月の荒川マラソンもハーフの地点で疲れてしまいゴールタイムは5時間をオーバー。そして練習もこれらマラソンレースを含めても平均60km程度、と聞けば私でなくとも完走はムリだろうな、と思って当然ですよね。ところが、Tシャツにランパン、我々が寒いからと55km地点で強引に着せたビニール袋だけで、12時間22分で完走してしまったのです。いえ実は森村さんのマイナス条件は練習不足だけでなく、体重過多もあったのですが、55km以降、消耗し、衰弱の様子を見せるランナーが多いなか、彼は逆にどんどん元気が湧いてくるようになっていったのだから、走ることとって本当に不思議。もちろん彼の喜びはひとしおで、でも今後、「ランナーズで書いてあるほど練習しなくったって完走できるよ」の風潮が出てきてしまったら困るな、というのが本音ですが。

『ランナーズ』1998年9月号掲載

ニューカレドニアマラソン（1999年7月25日）

これに出た第一の目的は、50歳までに世界一周をしたと堂々と言いたかったので、まだ訪れていない南太平洋の著名な島（タヒチかここ）には絶対行かねばならぬと思っていたからだ。時期も日本の夏で、四万十川の準備にも良い。だがツアーを調べると、飛行機の関係で水曜日夜に出発せねばならず、長く会社を休まなければならないのが難。広告で5社からどのツアーを選ぶかだが、一番高い三井航空にした。オプショナルツアーがきちんと載っていたからだが、結局良かったと思う。催行人数がそろったのは、ここと日立ツアーだけ。15人ぐらいのツアーだと、メンバー全員と親しくなれるのが素晴らしい。添乗員の小串嬢は、30回以上海外マラソンのコンダクターをやった気配りのある可愛い子。チュニジア大学を卒業して遺跡のことも詳しく、レース中の応援もとても熱心であった。ランナーズの名古屋通信員の岩城ひろみさんも、日本経済新聞に世界を走る美人ランナーとして取り上げられるほどチャーミングな子。同室の小泉さんは72歳で大臣の親類。最近、海外のハーフに出るのに熱中（今回2時間8分）。25kgダイエットで有名な堀内氏と可愛い娘、愛ちゃん。他に盲人で一番速いランナー福原さんと結婚したての全盲の奥さん、彼女の付き添いはインターカレッジ三段跳びで優勝した女性。さらに2時間18分でマラソンを勝った林君と、実に多士済々《たしせいせい》である。

本番前の2日、アメデ灯台とイルデパンに10人ずつぐらいで訪れたのは良い想い出。灯台の時は晴れていて、日光浴やシュノーケリング、それにショー見物は楽しかった。イルデパンは曇っていたが、食事のロブスターの刺身は日本では食べるチャンスが少ないので貴重。リラックスできた。

レースは同じところを4周するのだが、何回もメンバーと出会えるので面白かった。ただ遅い人は皆ハーフに出るようで、フルの75人中60人が4時間を切るのには参った。私は終わりから3番目、最後の4周目は誰も周りにいなくなってしまったが、エイドの人は頭から水をかけてくれたり、なかなか親切だった。ハーフは2時間5分ぐらいの通過で速かったようだが、その後、人がいないのでやる気をなくし、給水所で休みすぎた。最後、途中で倒れた岩城嬢にやっと追いつきそうになり、4時間43分台の自己新だったのにはびっくり。平坦なコースで涼しかったので、もう少し頑張ればと後悔した。レベルが高いフルはともかく、ハーフは誰でも走れる。今回5㎞のつもりで来た女性も、無理にハーフに出されて2時間50分で完走した。

ニューカレドニアマラソン、自己新でゴール

ノルウェー・ミッドナイトマラソン（2001年7月8日）

私が4月末これに参加を決めたのは、未訪問のフィヨルドを訪問したかったのも勿論だが（マラソンの地トロムソは過去訪問）、やはりフルマラソンで何としても4時間半を切りたかったから。何故かというと、この年までのフルの最高は実にサロマ湖100kmのフル通過地点の4時間43分だったからである。この後7回（マウイ、掛川、ニューカレドニア、筑波、荒川、ロンドン、伊平屋）挑戦してこれを切れないのは情けなかったのだ。さすがに今年は1月に150km も走ったこともあり、佐倉（4時間37分）、掛川（4時間40分）と、かろうじて自己新が出たが、目標の4時間半は後半のペースダウンで駄目。それにこの時、私はもう50歳。こんなに練習する年はもうないかもしれないので、今年切れなければもう無理かもと思い、サロマ湖の後のフルマラソンを探したが、暑い日本ではあり得ず、前から行きたいと思っていたこのマラソンが1週間ずれ込んでいたので大喜びした。

だがツアーは成立するのか？　参加人数は6月初旬の5人から10人に増え、なんと50歳の私が最年少。60歳代が６名、皆、海外マラソン十数回のベテラン。

午前11時30分出発で２回乗り換え、現地時間朝１時半に着くというのは、21時間もかかるということ。ホテルも満員でベッドが一つしかない部屋もあったそう。でも暑い日本から来て、涼しいのはうれしい。翌日のコース下見で、意外とカーブや軽いアップダウンが多く、これは記録が出ないぞと皆が言ったのにはがっかり。２日目、対岸の山から北の果てのトロムソの町を見たりして、夜８時半の出発を待つ。三食取ってからマラソンを走るのは初めて。フルは３００人ぐらいの参加。我々は８人フル、２人ハーフだった。

時差で眠くなる前にスタートできたのは良かった。橋を渡り、折り返し橋へ。

いつものように25㎞ぐらいから苦しくなるが人が少ないので、給水所29㎞でそれではと、頭から水をかけてもらい、これでとても楽になった。後半は焦っていたが、折り返して最後、沈まぬ太陽が見える海はとても神秘的で美しかった。力を振り絞った後の４時間26分というタイムは、１００㎞を完走した時と同じくらいうれしかった。夜の１時でも明るいので、町は老人から子供までにぎわい、ゴールを祝ってくれた。

しかし60歳代の人が３人も４時間を切り、私より遅かったのは62～66歳のご夫妻、それでも４時間42分。そこで私も、もう最後と思ってはいけないと感じた。その後のオスロフロム鉄道、フィヨルド、ベルゲンの旅はシーズンなので素晴らしいし、これでヨーロッパは大方回ったという満足感を得た。

少し古いが、2000年12月のアンコールワットマラソンについて少し。

良い点

① 未訪問の国カンボジアを訪問できたこと（88カ国目）。
② 世界遺産アンコールワット、アンコールトム、タブローム、ブノンペンを見られた。
③ ジャングルの中なので、ハーフマラソンを涼しく軽快に走れた（2時間ぐらい）。
④ パーティーで有森裕子さんと会え、すぐ近くなので会話できた。彼女の走るパートナー、佐藤千春さんと仲良くなれた。
⑤ ブノンペンに行き、ポルポト後の悲惨さがまだ残っているのがよく分かった。ここの義足センターでまた有森さんと会話できた。
⑥ レースの日のマッサージが2千円で良かった。
⑦ 食べ物も甘い物が多く、おいしかった。10kmマラソンもあり、誰でも行けるので一度は行くべき。

韓国・済州島２００㎞完走（２００４年３月13〜14日）

何故出ようと思ったのか？　理由としては、①今まで１００㎞は６回走ったので、それ以上の距離に一度挑戦しようと思ったこと、②２年前14時間半で島半周の１００㎞を完走したので、１周36時間だったら可能かもしれないと思ったこと、である。

軽い気持ちで申し込んだが、夜寝ないということは事前に寝だめする必要がある。だから金曜の午前４時出発の２日前の水曜着にした。来ている日本人は４人しかいなかった。一人の40歳の人は、１週間前の24時間走でも１８０㎞を走っている人。もう一人の60歳過ぎの人もそれに参加している。過去、２００㎞以上の甲州夢街道、さくら道、萩往還を全部完走とのこと。ただもう一人、私と同じ年の女性はアラスカと昆明１００㎞は完走しているが、前年１９０㎞では車に拾われた。韓国は厳しく、36時間を超えると走らせてもらえない。その人は、四万十川１００㎞は私より良いタイムだが、２００㎞となると眠くなり30分ぐらい仮眠するから厳しいそうだ。その夜は海宝さんを囲んで食事をし、翌日民俗村や馬のショーを見、コース下見を行った。カールホテルのマッサージや垢《あか》すりが良かったのはうれしかった。

２００kmの参加者は、韓国人は２００人ぐらいいたが日本人は11人だけだった。２年前は66人もいたが、完走率が57％だったのでだんだん減っているらしい。

いつものように2時に起きて食事をし、４時出発。20kmまでは真っ暗、給水所が10km置きなのは厳しい。40kmで韓国人に食事をしていこうと言われたのはびっくり。そんな余裕はないと急ぐ。50kmでチェック。海もとてもきれいだが、60～70km付近の菜の花畑の美しさにはびっくり。概して給水の後はゆっくりだがだんだん速くなり、５km40分で走れる。１００kmに一昨年より30分早く、そんなに疲れないで着いた。１００kmは短くて楽でよいと思った。

そこで新品のタイツに着替える。そこでもお握りは1個しか食べられなかった。でも残り21時間半ならどうやっても着くと、20分後に追いついた日本人女性と話す。街中を歩き、ゆっくり出発。懐中電灯を持ってこなかったのが不安。それでも１３０kmまでは軽快で、ウルトラマラソンに自分は向いていると思った。でも暗くなると下が見えず、１２０km過ぎの工事現場では走れず参った。そしてその後、滑って転んで手を打った。さらに暗闇で多くの犬に吠えられたのも怖く、体も冷えてきて、幻影がどんどん見えてきた。ここで考えた。自分は無理をして、人がやらないことを見栄を張ってやろうとしている。これからの人生、無謀はせずに平凡に生きなければならない。そして今持っているものを大事にして、こんな夜走ったりする馬鹿なことや、危険な山登りは絶対やめるべきと自覚した。

１５０kmになると、ここでも韓国人が「そこに食堂があるから食べなさい」と言ったので、そこでおかゆをすすった。だがそこらあたりから10km2時間かかるようになり、間に合うのか不安も出てきた。夜が明け、１６０kmから着実にゴールするため歩きに変えた。競歩はやったことがないが、速く進もうと努力するとそんなにスピードは変わらず、10km2時間10分ペースとなった。１９０km地点に1時に着いた時は、あと3時間あると思いうれしかった。だが１９５km、もうふらふらで歩くのも辛く、どこで倒れてしまうかも不安だった。最後、ホテルまでちょっと道が分かりづらく、着けるのかと思った。ゴールの時は海宝さんたちにとても喜んでもらったが、倒れ込んで部屋まで運ばれた。いつもと違い、毎日食欲がなく、痔のため歩行もできずに体重も4kg減った。こんな消耗はなかった。

でも明走会でその子さん、清水さん、早乙女さんに祝福してもらい、柴山さんからも乾杯をやってくれと言われた。下条さんも「一番びっくりしたのは森村さんが２００km完走したことです」と皆の前で言ってくれ、とてもうれしくなった。

日本人では2人の女性が完走できなかった。私は長い距離を走っても腹はすかない方で、不眠症であることも完走に結びついたのかもしれない。

済州島マラソン、40km付近

タヒチ（モーレア）マラソン（2006年2月11日）

５～６年前から、このレースにはどうしても参加したかった。一つの理由は、世界一周をしたと自負している私にとって、南太平洋ポリネシア地方の未訪問（以前マラソンで訪れたニューカレドニアは少し西に片寄っているので）はとても気になっていた。それにこの地方の美しさ、素朴さは、ゴーギャンやモームの本、それに多くの人々により語られているし、どうせ訪れるならリゾート訪問だけでなくマラソンレースも伴いたい。それに世界七大陸でマラソンを走られた日本人の方が、このレースを世界第2位の風景（1位はヒマラヤ）と評価していたので、ますます行きたい思いは募った。

だが、2月初旬に1週間休む（タヒチヌイ航空の都合で）のはかなり難しい。私の会社は12月決算なので、この時期の火曜日は毎年株主総会前の役員会がある（日本で唯一外国人の名プレーヤーを招くブリッジのＮＥＣ杯とも重なる）。５年前は申し込んだがキャンセル。そのうち、このツアーは参加者が少ないため、なくなってしまった。だがこの年は、日通旅行が谷川真理さん参加の広告を『ランナーズ』に載せる。しかも出発が火曜日の午前から夕方になったとのこと。この期を逃せば永久に無理かもと思い、参加を決めた。それでも参加者は10人に満たなかったが、ツアーは決行。少人数のため、成田から谷川さんと助手の中川さんと対面してすぐ会話でき、親しくなれた。以前マウイや与論でも会うことはできたが、名前を覚えてもらうほどの会話などはとてもできなかった。それと、このくらいの人数だとメンバーの全員と知り合えた。東京シティーマラソンでくじを当て参加した人も2人。リタイア、失職中の人が1人ずつ。この時期来るのは大変そうだ。

関空で1時間半休んで出発。12時間かかったようだ。着いたらそんなに暑くはない。カップルの日本人が大勢いた。タヒチ島もモーレア島もホテルがシェラトンだったので、ゴージャスな雰囲気を味わえた。魚が見える海に面したレストランやマンダラスパ、翌日はタヒチ島の観光をしてゴーギャン記念館や博物館を観、屋台のルロットで中華、クレープを食べたりした。タヒチは日本の産業も少なく、合弁のカーメーカーがあるくらい。言葉はフランスの権力が強く、授業ではタヒチ語は使わせないらしい。

翌日、フェリーでモーレア島へ。ここは全く素朴な、産業もない島。ホテル、レストランと農家だけ。映画『南太平洋』の舞台となった山は美しい。水上コテージは高いので普

谷川真理さんと一緒に

通のコテージだったが、それでもリラックスできた。ホテルに面した海には、シュノーケリングで多くの魚が見られた。東京中日スポーツから ツアコンを兼ねて来ている安達さんたちと5人で、ヘルメットダイブツアーに参加。ヘルメットを着けただけで深くもぐれ、ウツボも見られ気分が良かった。シーズン中はエイやサメの餌付け、イルカとの水泳もやるそう。谷川さんは余暇も島を自転車で一周したり（65㎞）、マラソンの翌日に山の頂上までジョグしたりと、毎日トレーニングに余念がない。このくらい走らなければ良い記録は維持できないのかと感心した。前日のパスタパーティーでは食事は少なかったが、タヒチアンダンスは子供の踊りも見られて晴れ晴れした。オランダからヒュースケンスも来ていた。だが彼女は、暑かったからか本番はリタイアしたようだ。

翌朝のマラソンは3時30分にホテル発だったので、2時に用意してくれた2個のお握りを食べた。ニューカレドニアもそうだったが、私のように遅いランナーはハーフに出るらしく、ハーフ240人に対しフルは90人。でも100km常連の私は、外国にまで来てハーフは？　と思う。フルは57歳の高坂さん（海外フルはホノルルだけだが常時3時間半を切る人で、今回も年代別トップで表彰される）と36歳の可愛い白河さん（彼女は4時間15分で今回も5時間を切った）と私。太っている私がフルに出るのは大丈夫かと同情される。人数が少ないからか、あっという間に最後尾へ。10kmから白河さんにも離される。暗かったが、折り返し点まではまあまあ。すれ違った白河さんに「速いですね」とびっくりされた。でも折り返した後、2人しか後ろにいないのにはがっかり。最終の太ったおじさんとは5km離れていたので安心した。その後ろについている黒い収容車は嫌な感じだった。その後、日差しが強くなり、30度を超えて湿気もあるからか（高坂さんに言わせるとハワイの5倍あるそうだ）、海に二度入り、ホースで水も2回浴び、もう後ろは来ないといって給水所の水の4分の1ぐらいかぶったが、頭は重く、1km離れていた後ろの女性に追いつかれてしまった。彼女は絶対歩かないが、私は諦め、倒れるのが心配で32km付近から歩いた。最終ランナーに追いつかれたり、車につかれたりしたら嫌だなあと思いながら歩いた。前の女性とも差は開かなかった。彼女とはシェラトンのホテルのプールで再会し、完走を称え合った。

39kmで道を曲がってからが長かった。このレースが6時間制限だということを知らなかったので、ゴールにたどり着いてシャワーを浴び、アイスクリームを食べることばかり考えていた。とにかくワースト記録の5時間50分で着き、ジュースと完走賞の貝をもらった。今から思うと、10分後、ゴールがない時に入ったら、ずっと憂鬱《ゆううつ》だっただろう。苦労して歩いた価値があったと思った。最下位のおじさんは失格で、完走者名に載っていなかった。

ゴール後、谷川さんに言われた通り、海に飛び込んだ。手に塩が染みる他は気持ちよかった。初めて足の指が痛くなり、救急所へ。アイシングをしてもらう。そこへ安達さんが迎えに来てくれた。谷川さんや中川さんも待っていてくれ、表彰式へ。谷川さんは女性のハーフ1位で表彰される。冷たいものはゴールでもらった赤いジュースとコーラ1杯しかなかったので、再び頭が痛くなった。そこでシャワーを浴びたが、谷川さんが取ってくれた果物のバナナも腹に入らなかった。でもバスで帰った後のホテルのシャワーやプール、

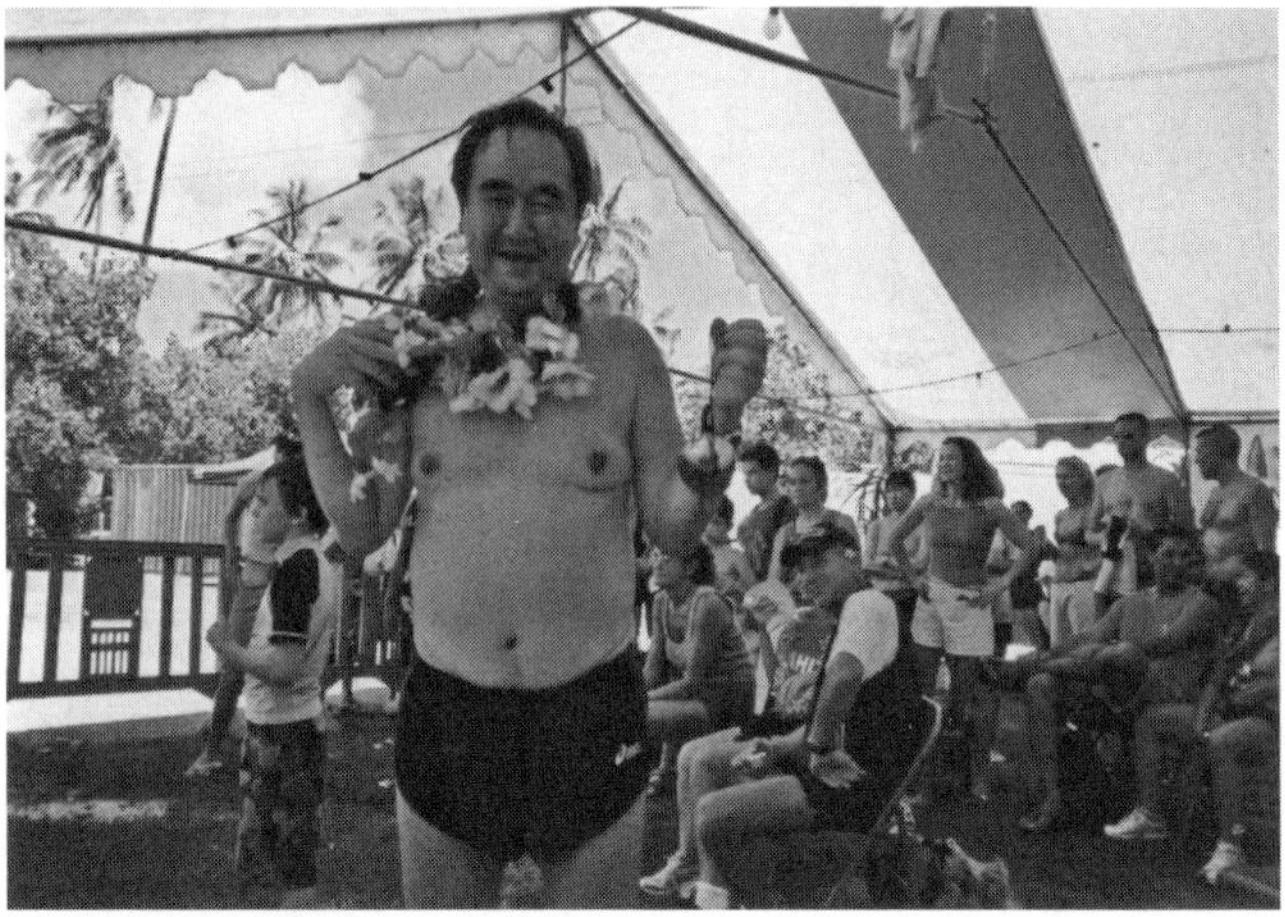

ゴール後、完走を称えるレイをもらう

スパ、夜のポリネシアダンスショーなど、気分の良さは言うまでもない。でも今回の脱水は一番ひどかったようで、翌日30分炎天下を歩いただけでまた頭が痛くなり、ホテルへ帰りシャワーを浴びた。もう年なのかな？

とにかく浮世をしばらく忘れるのに、タヒチのマラソンはベスト。早帰りの人はマラソン後、3時のフェリーでタヒチ島へ戻りその夜の便で帰ったが、私は到着も遅かったし、もう2泊できて良かったと思った。帰ってからも、まだ南の青い海の雰囲気を思い浮かべている。タヒチでおいしいものはマグロの蒸し身やロブスター、マヒマヒ、カキなどやはり海産物が多かったが、私の仲間はステーキも毎日食べていた。

南アフリカの風を感じてウルトラ90km（２００９年5月24日）

私は怠け者ランナーで、月間走行距離は滅多に１００kmを超えない。そのため体重も76kgから減らず、過去50回近く完走したフルマラソンも4時間半を切ったのは3回だけだった（奇跡的に前年の長野は後半ペースダウンせず、４時間12分で走れた）。しかし、ウルトラマラソンは済州島２００km（韓国）や山口１００萩往還マラニックなど、１００km以上を12回走り、前年のサロマ湖も12時間11分で完走していた。

そこで、世界で最も古く（この年で84回だから、マラソンでもボストンの次ではないか?）、規模も大きい（参加者1万５０００人）コムラッズマラソンを走ることにした。アフリカでのマラソンも一度は経験したいし、今回は下り（1年ごとに変わるそうで、山から海辺の都市ダーバンまで高低差８７０ｍを下る。上りの時はとても無理そう）だし、毎年参加していたサロマ湖にも今年は出ないしで、以前から誘われていたコムラッズを8回完走している高橋さんの海外旅行開発に申し込んだ。参加者7人中４人は女性で、若く美しいランナーがいたのは楽しかった。その一人は前年もコムラッズを完走し、東京マラソンも4時間を切っている強者だが、いま一人は弱冠21歳でウルトラ経験なし。高橋さんも「学生の時に来たかったらしいのですが、ちょっと無謀ですね」と言う。

19時成田発、香港経由の南アフリカ航空は、20時間かかってダーバンへ着く。いつも機内では眠れないので辛い。ダーバンは南アフリカ第三の都市だが、穏やかで治安も悪くなさそう。サーフィンの中心地だが、海岸にはまばらにサーファーやホテルが見えるくらいだ。夕方、サファリからビクトリア滝を訪問した高橋さんたちとホテルで合流（私は過去に3回訪れたので、今回はマラソンツアーのみ）。夕食のインド料理は腹にもたれ、翌日はずっと下痢だった。

翌日、コースの下見をしたが、下りのコースといっても上り坂がとても多く、日差しも強くてげっそり。しかし展示場は盛大で、ベルリンマラソンやボストンマラソンにも引けをとらず、過去80回の歴史がずっと飾られているのには感動した。

その翌日は、ダーバン近郊の高原に住む日本人家族宅を訪問。10代の子供3人を含む家族だが、みんな満足そうに生活しているのは素敵に思えた。近所の白人も数名訪れて歓迎してくれ、黒人の若いメイドといい、南アフリカは民族融合が良好に進みつつあると感じ

一緒に参加した2人の日本人女性と

た。食事も野菜、焼き鳥、魚、デザートとおいしかった。

その日の夕食は軽くすませ、20時に就寝。朝2時に起床。出発点へのバスはすぐ近くで乗れ、山上のピターマリッツバークへ。3時出発で1時間後、バスを降りたところにトイレがあり、すぐに入れた。スタートのにぎわい感は日本では味わえない雰囲気だ。完走回数が後ろのゼッケンに書かれており、30数回の人もいた。

5時半のスタート（大勢でも号砲から5分かかっただけ）は、涼しく快調。下りが得意な私はランナーを抜き、上りでは抜かれる。給水は2kmごとにあるので、とても楽。コーラはコップだが、水とオレンジジュースはビニールに包まれている。最初は破り方が分からずにこぼしてしまい困ったが、だんだんと慣れ、持って走るのにもよい。天気は曇りがちで、これもうれしい。途中で靴が緩いと思ったら、靴ひもがほどけていた。焦って結び直すが、なんとこのあと6回もほどけてしまった。そのうちに、後ろから来る高橋さんと若い2人の女性に追いつかれる。「ちくしょう」と思い、下りで離したが、上りを歩いた時に彼女たちはすごい勢いで坂を駆け上っていって見えなくなった。私はもう年で駄目だとつくづく思った。

その頃、脱水でいつも通り頭が痛くなった。中間点手前の44kmの上りで、また嫌なことが。制限時間12時間のペースメーカーの集団が、大声を出しながら私を抜いていった。トイレで遅れた高橋さんが「この集団について、ゴールしてください」と言ったが、とても無理。46kmの関門は6時間だが、それはやっと10分前に通過した。ここがぎりぎりだと完走は無理だといわれていたが、もうくたくたである。ペースメーカーはその後の坂を速く上ったが、私は完走を諦めたので、ゆっくり歩いた。下で関門が閉じられる声も聞こえた。次の60km関門で収容されようと決心し、ゆっくり進む。

ここから周りの応援してくれる家族や子供がよく見え、握手もする。諦めたランナーも周囲に少なくない。遅くても沿道から「ウエルダン、ウエルダン（よくやった、よくやった）」と温かい励ましがあり、苦笑いで通る。ある地点ではエイドが片付けられ、こういう遅いランナーを収容しないでよいのかという声も聞かれた。

ところが、ここがウルトラの不思議なところで、58㎞まで行くと、脚が軽快になってきた。これは完走を諦めた隠岐の島ウルトラマラソン（島根県、１００㎞）でもあったことだ。フルではまずないのだが、ウルトラで起こる復活である。どんどんランナーが抜けるので面白い。60㎞の関門は、なんと35分前に通過。でも、ゴールまで3時間35分では無理か？　この時は、時間を少しオーバーしてもネットタイムで完走としてくれると思っていたが、コムラッズは厳格で、12時間を少しでも超えると、メダルもタイムもなしになるのをゴール後に知る。下りがやっと多くなって軽快に。平地では歩くランナーを抜く。

途中のマッサージも、時間が心配なのでパス。２㎞ごとの給水は必ず立ち止まり、氷を頭につけたり、座っている女性からアイスキャンディをもらったり。私のゼッケン名を読み、「シュンスケさん速いですね」と声をかけてくれるランナーや応援の人も多い。

20㎞を残して、制限時間まで2時間28分。まだ上りも多い。残り10㎞は80分。最後の長い下りの後、ラスト３㎞で25分はあったので、やっと完走を確信した。

最後1㎞はグラウンドに入っても門が多く、長く感じた。ゴール後はメダルをもらい感激した。タイムは11時間51分26秒（制限時間8分半前）。高橋さんと2人の女性ともそこで会ったので、お互いにびっくりした。彼らは私の1分前にゴールしており、未経験の学生の子が完走できたのは意外だった。そして、他の2人の女性は、私の1～2時間前にゴールしていたようだ。

びっくりしたのは、有森裕子さんが飛ばしすぎて2年連続でリタイアしたことだ。やはり、ウルトラとフルマラソンとは違うのだ。

白人と黒人の参加割合は3対2くらい。沿道を見ても、完全にはミックスしていないが、友好な関係は築かれつつあると感じた。

翌日プールでアイシングをしたが、脱水感は強く、3日間食欲はなかった。水分だけを摂り、やたらと発汗する状況が続いた。

ゴール直後の写真、感動した時

フランス・メドックマラソン（2009年9月12日）

参加した多くの人が、こんな楽しいマラソンはないと言うので、ワインは得意ではないが走ることにした。慎ちゃんツアーは実に70人を超え、初マラソンという女性が20名以上いるのはびっくり！　中には、走るのは嫌いだがワインをいくらでも飲めるから参加したという人も多くて、それでは6時間半の制限はとても無理なのでは。ところがコースのショートカットが無数にあり、半分ぐらいの距離でゴールする人も多い（それでは全部のワインが飲めないからつまらないだろう……）。私は飲み慣れていないワインは気分が悪くなるので、義務付けられた仮装で頑張ろうと思う。昨年タイの10㎞を上半身裸で走り、気分が良かった。日本ではこれは無理なので、フルを裸で走るのはこれがチャンスだと思い、虎の格好をした。幸い、私の友達がドンキホーテで虎の帽子を探してきてくれた（これはヨーロッパにはなく、ウケた）。あとは体にマジックで縞《しま》を入れるだけだ。モンサンミッシェル、パリはとても寒くてこの格好は無理かと思ったが、ボルドーは日が照っていてほっとした。

最初スタート地点に着いた時はとても恥ずかしかったが、裸になった時に女性が喜んで、茶髪の女の子が走り寄ってきて写真を一緒にお願いしますなどと言われた。若い女性にはウケが良かったようだ。スタートまでも寒くはなかった。

スタート後は軽快で、ネズミの服を着た添乗員の女性と走った。10㎞過ぎまでワインがなかったのが、初心者にはこたえたようだ。私はちょびちょび口をつけるだけだったので、ハーフまで2時間40分で着いた。そこからワインを飲みだすが、やはり胸が苦しくなり3杯でやめた。

15回ぐらい飲んだ女性は、37㎞地点のワインが一番おいしかったと言う。通の人はスゴい。

30㎞手前のダンスも一緒に踊りたくなった。そこからはペースダウン。仲間にも抜かれたが、食べ物は38㎞でやっとカキの食べ放題、そして40㎞手前にステーキ。そこからかなり距離があったようだ。顔に化粧をした人がおり、そしてアイスクリームもあった。皆がゆっくり寛《くつろ》いでいるので急ぐ気にもならない。

結局6時間14分もかかり、完走メダルとワインの賞品をもらった。制限は6時間半だが、これを少々超えてもショートカットしてもらえるようだ。

その後、バスが見つからずその間10時間近く裸でいたので、途中風があたり寒いこともあったが風邪も引かなかった。日焼け止めはいつも通り塗らなかったが、ヒリヒリもせずに小麦色に焼けたようだ（今、日焼けには神経質になりすぎている）。

もう少しお酒が強ければ、もっと楽しいレースになるだろう。

メドックマラソンは仮装の義務がある

その他の海外マラソン

世界の五大マラソンのうち、シカゴを除く4つには出場。応援のバンド演奏が印象に残るニューヨーク。女子学生や、最後市街での応援の多さに感激する最古のマラソン、ボストン。仮装者が多く華やかなロンドンもそれぞれ趣があるが、私はベルリンが最も感激した。コースが全市内を網羅しているようで素晴らしい。最初の20kmは旧東ベルリンの、ややひなびた人通りの少ないコース。35kmで最もにぎわっているクーダム。何十人もの人がマッサージを受けていた。最後ウンターデンリンデンを抜け、ブランデンブルク門へゴール。音楽が、通過する家や方々から流れ、最後の通りのクライマックスの曲にも胸がときめいた。

その前年、中国でも一度走ろうと思い、上海東レマラソンに出た。11月で食事は上海《シャンハイ》蟹《ガニ》を筆頭に最高だったが、コースは走行中に自動車が侵入してきたりして少し怖く、応援もいま一歩だが、全く大衆が関心のなかった5年前より良くなったらしく、チアガールの

コロラド高地トレーニングの参加者と

ダンスを数カ所で見たりした。

忘れられない旅としては、コロラド州ボウルダーでの高地トレーニングツアー。三井海上で世界陸上の代表となった市河真由美さんをコーチとして6名だけのツアーだったが、そこはとてものどかで気分が晴れ晴れする。食事もおいしく、有森裕子さんがここに住み、一流アスリートたちが長期トレーニングする理由もよく分かった。川沿いの長いサイクリングロード、トレーニング中のシモンさんに出会う。そしてさらに登り、高橋尚子さんがよく練習した山中のマグノリアロード、このアップダウンの多い道は快適に走れ、著名な走る医者、岡野さんと小差だった。

そして最後の日のボウルダーマラソン。

ハーフに参加し、高地でも特に苦しさを感じなかった。だが翌日、日本へ帰ったら気分が悪くなり、夕飯を食べられずに寝込んでしまった（滅多にない）。

とにかく5日続けて走ったのは35年振りだったし、その成果からか翌週の白神アップルマラソン（青森10月初旬）では自己新が出た。

次に海宝さん（済州島２００kmやしまなみ街道１００kmの主催者）が行う二連続のマラソンツアー、４年前のホノルル・モロカイ、そして最近のモロカイ・アラスカと3日空けるだけでマラソン２回を走るのだが、参加者はベテランが多いからか20数名が疲れを取り、元気に２つ完走（平均60歳ぐらい）。私の１００回目になったエキノックスマラソンはアラスカ大学がスタート、ゴール。７００kmの高低差があるコースだが、ハワイから移り涼しかったので走りやすかった。ただフルから分かれるウルトラ50kmの残り８kmは、森の中に人が誰もおらず、クマも出てきそうで、こわごわ道を迷わずにたどり着こうと慎重だったのでゴールが遅くなった。宿泊地のチェナ温泉は17年前より野外の露天風呂が大きくなり、ロマンチックで9月でもオーロラが観られた。

シシリー島。ここでも海堂さんのマラニックに参加。パレルモやタオルミナで走りました。その後この島がハンニバルの頃や中世のノルマンまで歴史にいかに重要な役割を占めたのかを知り、訪問して良かったとつくづく思った。

最後に、テレビでも放映された最も過酷なレース、ギリシャのスパルタスロン。私には場違いなレース。だが２００km以上の試合の完走者は出場資格があると分かったので（１００kmは10時間30分以内で走ってないと出場できない）、無謀にも出場（ちょうどタンザニアでのチンパンジー観察後、ドバイ到着の2日後がレースで、タイミングが良かったので）。だが25kmで最下位になり、30kmでやめるよう勧告される。普通棄権はがっかりするが、この時はとてもうれしく、応援に加わり、テレビでも有名な坂本さんの車に乗せてもらい観戦。間寛平さんも走っておられたが、この時は１３０kmまで。このレースのしんどさは２５０kmを36時間以内（私が完走した済州島は平坦なコース２００kmを36時間以内）。しかも真夜中に走るサンガスの山越えは砂利道も多く、一つ間違えば谷底に滑り落ちそうな怖いコースで野犬にも襲われるそうだ。これの完走者は鉄人と呼ばれるにふさわしい。参加者は日本人が一番多いようだが、最近、30歳そこそこのチャーミングな女性がどんどん完走しているのには驚きである。

日本では、これに匹敵するレースとして萩往還２５０kmというのがある。これは制限48時間、夕方6時に出発だから2日間寝ないことになる（１７０km地点に仮眠所、風呂はある）。

私は同場所で行われる一晩寝ない１４０㎞レース（制限24時間）は余裕で完走でき、その夜も興奮でずっと寝られなかったので、２５０㎞もあわよくばと完走を狙ったが甘かった。１２０㎞から千畳敷という恐ろしく長い急な坂に出遭い、死にそうになって歩いて登った後に休んだが、その後は歩行でも坂が降りられない（初体験）。残り半分時間はあったが、体が壊れそうでやめざるを得なかった。ここも結構女性参加者が多く、夜３時や昼10時の食堂では明るく「完走しますよ」と言いながら優雅に食事を終えると、かなりの速さで坂を駆け登っていく、女性のたくましさをつくづく感じた。

裸で走る海外リゾートマラソン

何故裸で走るのか、勿論気分が軽快になり開放感を味わえるからだが、自分の肉体を衰える前に見せたいという気持ちも多少あるだろう。メドックマラソンもトラの格好、帽子を被り身体にマジックで縞を書き裸で走るのはちょっと勇気がいった。外人では珍しくないが日本人グループの女性たちにはしゃがれた。そして多くの視線を感じ、写真を一緒に撮ろうという人は男女問わず多かった。仮装賞も女性たちは私を推したらしいが男性が裸で走るのを良いと認めるのはダメと言ったらしい。撮られた写真を日本で見せると興味深く見る女性も多く（拒否反応を示す人も勿論いる）、中には携帯電話で撮って保管してくれた人もいた。

まあとにかく、サイパン、グァム、ハワイ等は水着だけでいても構わない場所、ましてアラスカのような寒い所でも裸で走る人が多い、西洋人ランナーはここでは裸は普通。それでもランパンだけでスタート地点へ行くのは少し恥ずかしい。サイパンハーフは海部川フルの2週間後なので調子はまあまあ、だが途中ですれ違ったフルマラソン出場の人からは目立っていたらしい。ずっと接戦の女性と夕方パーティーで会った時も「上半身裸で走っていた方ですね」と言われた。

ハーフは2時間半切れて、少々私の格好に驚いていた現地日本人女性ガイドにゴールで写真を撮ってもらいホテルへ帰った。その日はシュノーケルをやったり、サウナがあるプールで会った日本女性とレースの話をしたり。春休みを利用して来た学生が多く、初めて10kmを走った、ハーフはすごいですねとの会話。夜の海辺のパーティーも若い人で溢れていた。

次のグァムココロードレースは、昨年大阪マラソンで一緒だったが、その後ガンが見つかり治療中の奥様と同伴した。彼女はメドックも一緒だったので、私が裸で走るのは見慣れている。

前半は彼女のペースでゆっくり、中間点で男性から太った人と一緒に写真を撮りたいと言われカメラに。しかし後半彼女は元気になるが、私は15km過ぎて疲れ遅れてしまう。途中足の痙攣が起き、ゴール後も続いた。裸で苦しむ私を、沿道の人達もかわいそうにと見ていたよう。

タイムは2時間45分。30分くらいゴール付近で休みやっと回復。そのまま20分ホテルまで帰った。その後彼女とヘルメットをつけて潜るダイビングのツアーに参加し、船上でも海水パンツでずっと過ごし快適だった。彼女のガンは、その後回復した。

ハワイ島のマラソンは以前から出たかったが、チャンスがなかった。今年6月のコナマラソンに83歳の走友と、やはりガンの奥様を連れたご主人との4人旅。シェラトンホテルがスタートとゴール。スタート地点、裸で目立ったからか、そこから走るミス・コナコーヒーの美人と写真を撮ってもらう。

私はこのハーフレースは4人一緒に行こうと思っていたが、3㎞付近で耐え切れず自分のペースに。それから、日本人でゆっくり走っている男性、女性に徐々に追い付き、並んで話をした。中間点は、昨日食事した有名レストランからすぐ先。後半3人の仲間とすれ違い写真を。その後、ホノルル等かなりマラソンに出ている2人の女性に追い付き、話をしながらゆっくり走る。ゴール前の下りはスピードを出してかなり抜き、ホテルの庭を抜けてゴールへ。3時間ちょっとだった。

ゴールのホテルの庭で氷を売っている。それを食べている時、見知らぬ日本人女性が2人来て、一緒に写真を撮って下さいと頼まれた。普通のランニングシャツでいて頼まれることはまずない。やはり裸の方が注目され、60歳過ぎてもまだセクシーさは残っているのだとても嬉しくなり、1人ずつ並んで写真を撮った。仲間が帰ってくるまで2時間あったので、裸のままでゆっくりと待った。その後、バーカー牧場、ヒロ市、キラウェア火山へのツアーや、イルカが何十頭と泳ぐツアーに参加したり、楽しかった。だが残念ながら、その奥様はなくなられたそうだ。

裸で走るのは、日本でのレースは24時間駅伝を除けば難しいが、海外ではホノルルあたりでも良いのではないか。私は日焼け止めは塗ったことはないが、肌はそんなに衰えていないと思うの神経質になることもないと思う。でも、この考えに反発する人も多いだろう。サンフランシスコでは全裸で走れるマラソンもあり、フランスでは全裸でしか走れないレースも存在するそうだ。

この後、全県のレース完走も達成した。

だが、60歳を超えると5時間を切るのは難しくなり、6時間の制限に引っかかるのは嫌。最後走った東京マラソンも冬の練習やレース前のプレッシャーは苦痛。関門の通過、時間も不安になる。おまけにレース後、血糖値はかなり上がる。そろそろやめ時と思い引退を決意。

ニューカレドニア

ホノルルの3日後のフルマラソンのスタート

世界１００カ国踏破の足跡

中国への旅

〈未知の国、中国へ（1982年）〉

私は海外旅行が好きで、こんな面白いものはないとすら思う。何故か？　やはり日常生活から全くかけ離れた世界に入れ、楽しい夢が味わえるからだろう。外国の場合どこへ行っても、人種・気候・風景・文化・食事・生活様式、それに人々の生活なども多様に変化するので、それを観察するだけでも面白いものだ。

私はイギリスを中心にヨーロッパを3回訪れていた。その他、東南アジア、北米、南米、ソ連、インド、中近東、アフリカ、それにオーストラリアと六大陸50カ国ばかりをそれまでに訪れていたが、世界最大の人口を持つ隣の大国家、中国だけは未知の国だった。

歴史に興味を抱き、関係の書物などを渉猟するうちに、中国という国が実に悠久の昔から人類の一中心に位置し、さまざまな王朝が興亡し、絢爛《けんらん》たる文化を形成してきていることを知った。日本の国がまだはっきりした存在を示さない頃から、『十八史略』や『三国

中国・桂林にて

志』などに書かれているような華麗なドラマが演じられ、日本がやっと統一されつつあった7世紀には、中国には国際色豊かな大唐の文化が花開いていた。原百代著『武則天』（毎日新聞社）などを読めば、当時のありさまがくっきりと甦《よみがえ》ってくる。勿論、現代の中国の政治情勢や人々の生活状態も、世界中からの注目の的である。

　こういう国をまだ訪れていないのは、旅行マニアを自認する私としては大変中途半端である、との自覚があった。だが、中国の場合は、社会主義国なのでツアーで行かなければならない。特定の日、それもメンバーが一定の人数に達しなければ出発しない。そういう訳で、会社の休日と合わせるのは難しいのだが、それでも探してみるとお盆休みと合った〝北京5日間〟があった。
今の中国で現代と過去の歴史を両方とも味わえるのは、先ず北京だろう。上海は、19世紀からやっと歴史に登場した都会だし、古都西安（唐の首都長安）などは、今では寂れて、少々の遺跡が残っているばかりだからだ。そこで、イギリスの学校で知り合った富士銀行（当時）の人に声をかけたら、ぜひ結婚前に一度行きたい、ということだったので申し込みをした。

〈人々の活気に感動〉

あまり方々へ行っていると、徐々に目新しいものを見た感激が起こらなくなってくるのだが、中国では非常に感動することも多く、やはり一度は訪れるべき国だと思った。中には、貧しい国であったという印象を持つ人もいるようだが、私はそうは思わなかった。確かに、人々の着ているものは生地も粗末で、着物だけでも日本人の旅行者はすぐに区別がつく。自動車や自動二輪は少なく、町で見かけるのはほとんど自転車ばかりで、田畑を耕すのも馬や人力だ。往来に人がたむろし、座って駄弁《だべ》っているのは、日本なら一昔前の光景であろう。

けれどもこの国には、同じように人口の多いインドネシアやインドで頻繁に見られる物乞いや痩《や》せ衰えた子供や大人の姿は全く見えなかった。誰もが食料には満足しているように見受けられた。物事に対する意欲も旺盛で、日曜日のショッピング街（＝王府井《ワンフーチン》）のにぎやかさは大変なものだった。本屋、食料マーケット、洋服屋などに群がる人々の活気と熱の入れ方といったら！　日本の時計やステレオを売る店もあり、大衆にはやや高価だろうが、熱心に見ている。映画館や劇場も満員。私たちの聴きに行ったコンサートの切符もすぐに売り切れ、入手困難との話だった。だから聴いている人の顔付きは真剣そのもの（日本人ガイドは退屈でやりきれないという表情だったが）。コンサートの演目は、カルメンなどの西洋音楽に東洋のものを交ぜ、いろいろな種類の曲を演奏する。声の高い女性の独唱、合奏、道化のピアノ、果ては鉄腕アトムの歌まで飛び出した。日本やヨーロッパの取り澄ましたコンサートを退屈と感じる人も、ここでは結構愉快になれるのではないだろうか。

四人組の逮捕後、中国は急速に変わったといわれるが、公園でボートに乗っているアベックらしい人たちの姿が生き生きと見えたのも印象的だった。同じ社会主義の国でも、旧ソ連のように絶えず兵士や誰かに見張られているような恐怖感は全くない。食事は名物の北京ダックをはじめ、質・量ともに豊富で幾皿でも出てくる。食物は過剰と錯覚しそうだ。ビールとジュースは必ず付いた。

街中の食堂でも、旅行者用は2階などに区別されているが、1階はたいてい大衆食堂で大変な混雑だ。ホテルは外国人旅行者専用で、何棟にも分かれていて、プールも付設されている。西洋人の若い旅行者が多く、中南米あたりの若い女性もかなり目立つ。日本の一流ホテルに比べれば、やや薄暗く粗悪な感じもあるが、全室バス・クーラー・テレビ付きであるし、値段の割にはなかなかのものと言える。

〈荘大な歴史の舞台〉

観光に出掛ければ、世界一の建造物というべき万里の長城の雄大さは、見ればはるかに霞み、聞きしに勝るものだった。故宮（13世紀以降元・明・清の王朝の宮殿）の荘大さには、皇帝の威力の強さを見せつけられた。また、明の十三陵（皇帝の墓）や頤和園《いわえん》（避暑別荘）、さらに天安門広場などは、過ぎ去った歴史の舞台を彷彿《ほうふつ》とさせてくれる。事実、万里の長城の上まで登るのは、急な坂になっているので大変なハードワーク。故宮見学もうんざりするほどの広大さだから、良い運動になる。動物園では、簡単に見物できるパンダも印象に残った。総じて、北京は大変情緒に富む都市と言えるかと思う。

中国は広い国だから、北京だけではとてもすべてを語ることはできない。だから、またチャンスがあれば、他へも足を延ばしたいものだと思った。

最後に一つ、同行の日本人旅行者に苦言を呈するとすれば、食事はもう少し優雅に取りたいものだと思う。

〈中国の変化〉

１９８４年のシルクロードの旅で最初に着いた上海では、北京同様道に座っている人の洪水。地方ではトイレにドアはなく、食事に出るビール、スプライトは冷えていなかった。西安の始皇帝の偉大さを彷彿とさせる兵馬俑《へいばよう》や、唐の時代に戻れる碑林博物館。シルク

靴工場

ロードへの玄関、井上靖の小説でも知られる敦煌《とんこう》の莫高窟《ばっこうくつ》、三蔵法師が通ったルートの火《か》焔《えん》山やベゼクリク千仏洞など歴史の素晴らしさは味わえたが、社会主義国家に管理された重苦しさも感じた。

ブドウ畑の間の小川に裸の子供たちが泳いでいるトルファンは、昔そのままの素朴な感じがたっぷりだった。鉄道がゆっくりなのにはびっくり。

１９８６年、大連は日本が支配していたからか、町は垢抜けしていて刺身もおいしかった印象がある。１９８７年の桂林は、５歳の長男を連れ、妻が練炭を見て一昔前の日本だと言った。

１９９１年は靴の輸入ビジネスで訪問。驚

大迫力の九寨溝

いたのは、工場の前に地方からの女性が大勢職を得ようと並んでいる。工場内では個々どれだけ靴を組み立てたのかグラフで示され、出来の悪い者はどんどん解雇されるらしく、皆疲れきった感じである。食事も工場食は質素で、人件費は安そうだ。

とにかく中国工場では女性の数は多く、地方から遅い汽車で1~2週間かけて来たり、たまの休暇で帰ったりするらしい。だが、女性の管理者は化粧もしていて美人が多かった。1993年の深圳《しんせん》の電卓の工場、1995年の青島《チンタオ》の野菜工場、アモイのマッシュルーム工場も同様。

1993年の上海は、まだクラブも少なく町も静か。1995年になると、ホテルに夜

の女性も南方では出現してきた。

　1997年の三峡クルーズでは、ダムのため取り壊される村や、川の上流へ手漕《てこ》ぎの小舟でゆっくり上ったり、雨で水があふれていた長沙《ちょうさ》の町など、まだまだ遅れた国の印象が強い。

　1999年は欧米の若社長グループ（夫婦も多い）を観光させる旅。江沢民《こうたくみん》さんの知り合いのつてで天安門の上で乾杯したり、釣魚台で食事をしたり。上海がネオンできらびやかになり、夜のデパートに人も多く、にぎやかで勢いを感じた。

　そして2004年は様変わり。自動車の数は増え、世界で最も美しいといわれる九寨《きゅうさい》溝《こう》、中国観光客の洪水のような多さにびっく

チベット、ポタラ宮

り。きらびやかで少々どぎつく、ダンスホールも備えた現代的ホテルもある。カルスト地形で有名な黄龍の頂上は３７００ｍだが、そこまで袖なしのドレスで来て震えている女性が多かったのを見て、まだ情報が行き渡っていないと感じた。ここまで登るのはハードで、日本では見られない籠《かご》に乗ってくる客も多かった。その後ロープウェイができたが、日本の屋久島の縄文杉のように、そこまでにたどり着く困難さを味わえた方がよいと思う。

そして上海４６８ｍのテレビ塔が建ち、上まで案内された。３０００人ものホステスがいるクラブ（カラオケ付き）が出現したのにはびっくり。上海蟹を食べさせるしゃれた店やレストランの話もとても多くなり、日本人

ラマ教寺院の僧たち

中国の旅

1982年	北京
1984年	シルクロード（西安、敦煌、トルファン、ウルムチ）
1986年	北京　大連（JC、青年会議所）
1987年	桂林　広州
1988年	北京（JC）
1991年	大連　珠海（仕事）
1992年	北京　上海（JC）
1993年	深圳（仕事）
〃	杭州　上海　南京（YPO）
1995年	上海　大連　北京　青島　アモイ　深圳（仕事）
1997年	北京　重慶（三峡クルーズ）　武漢　上海（JC）
1999年	北京　西安　上海（YPO）
2004年	九寨溝　黄龍
〃	深圳（仕事）
〃	上海（YPO）
2007年	チベット
〃	上海（コントラクトブリッジ）
2009年	上海（マラソン）
2014年	海南島（コントラクトブリッジ）
2016年	北京（コントラクトブリッジ）

と上海人の見分けがつきにくくなった。

そして2007年のチベット。無数の人々の辛苦で造られた青蔵鉄道。蘭州からの出発で5100mまで登る（私にとってキリマンジャロの次の高さ）。のどかな景色はゆっくり観察できるが、停車駅では降ろしてもらえない（気分が悪くなるのを防ぐため）。食堂車はグループごとに時間制で交代、一昔前の日本の新幹線を思い出す。3600mのラサの駅に夜到着するが、そこで頭痛で苦しむ人数人（旅行者は年長者が多い）。さらにチベットの象徴のポタラ宮、これの見学所まで30分~1時間きつい坂を登らねばならない。到着して気分が悪くなる人も多く、その後食事が食べられなくなり、病院から医者を呼ぶ人もいた。

旅行慣れした人でも、こんなきつい旅は初めてだと言い、高地の厳しさが分かった。それでもラマ教の偉大さはポタラ宮の豪華さ。年代別に300年もかけて、実に多くの美しい仏像が陳列されている。巡礼者であふれる古風な大昭寺、セラ寺で熱心に討論する赤い服の大勢の仏教僧、さらに街中摩尼珠《まにしゅ》を持って練り歩く老若さまざまの信者、とても中国の共産主義政府とは同化できないと感じた。

昨今、中国が非常に発展しつつ北京は地下鉄も立派になり寿司屋とかも多くなったが、未だ海南島のトイレが流れなかったり北京の空気は汚れ、動物園もとても混んでいるが動物も暑い中ほっぽらかしにされていたり遅れていることも多いと感じた。

アフリカ縦断ツアー（1986〜1987年、ナイロビ――ロンドン108日）

イギリスの「ゲルバエクスペディション」という会社が運営する、トラックで行くキャンプツアーに、12月1日から翌年3月18日にわたって参加した。参加者は23人（男性13人、女性10人、そのうちリーダー、クッカー、ツアーコンダクターの3人がいるので、客は定員満杯の20名）。国籍は10カ国にも及び、年齢も63歳から21歳までと幅広く、日本人は勿論私一人だった。

この旅（アフリカ10カ国訪問）では、サハラや北カメルーンの美しさにも感動したが、やはり東アフリカのサバンナの魅力が私にはベストだった。ケニアでの2週間の後、ビクトリア湖畔ムワンザからタンガニーカ湖畔ブルンジのブジュンブラ、ザイールに入りキブ湖に沿って北上し、ビルンガ・ナショナルパークを抜ける。右にルウエンゾリを見ながらルートを西に変え、イツリの森中のエプルへ。この辺までは東アフリカ独特の素晴らしい風景気候が十分味わえた。

ピグミー族

特にエプルはジャングルの真ん中に突然出現する美しいキャンプ場で、ピグミー観光の基地となっている。エプル川が岩間を縫ってゆったりと流れるそばをジャングルの中に入り、２時間も歩けばピグミー集落があり、狩猟や夜の神秘的なダンスを見ることができる。ぜひお薦めしたい場所だが、ザイールではどこでもそうだが、三流以下のホテルしかないのがネックだろう。

さて、今回の長い長い旅では、生まれて初めて経験したことがかなりあるので、それをお伝えする。

〈布団に寝ない生活を１００日も続けた〉

以前２週間のキャンプをしたことがあるが、

今度の旅はエアマットレスもなく、1枚のゴムシートだけだった。おまけに枕もなかったし、岩が当たったりで寝づらかった。それでも前半は比較的よく寝られたが、砂漠になると夜の冷え込みが激しく、夜中2時頃目が覚め、以後寝つけないことも多かった。だから都市ではホテルに泊まって疲れを取るのが大変楽しみで、中央アフリカの首都バンギでは1泊70ドルも払って高級ホテルへ泊まった（ここは物価が高く、一番安いホテルでも40ドル）。

ナイジェリアのカノでは、キャンプ場の中に1泊3ドルで泊まれるベッド付きの部屋があったので大変うれしく5泊もしたが、同行の外国人旅行者は贅沢《ぜいたく》だと言って泊まらず、テントに寝る人が8割以上だった。一方、トラックの座席にも寝られるが、夜トイレに行きたくなると降りるのがとても面倒で、虫にも悩まされる。しかし、テントを張る手間が省けるせいか、毎日そこで寝る人もいた。私は朝5時半に起きなければならない食事当番の時だけ座席に寝た。

〈100日近くも日本食を食べなかった〉

アフリカではナイロビ以外に日本料理屋があるのは南アフリカ共和国くらいだろう。中国料理もカノで2回食べただけ。屋外のキャンプ食、特に火を使って調理する夕食はなかなかおいしく、オムレツやソースをかけた炒めものをナンに包んで食べたり、ステーキ、野菜、スパゲティやライスも出た。スープやデザートは必ず付いていた。そして、夕食の前に飲む紅茶は何よりの楽しみだった。それでも日本に帰ればおいしい日本食をゆっくり味わって食べようと、心の中で毎日繰り返していた。

〈炊事、皿洗いをやらされた〉

やはりこれだけ長期の旅となると、クッカー一人ではとてもさばけない。そこで2人ずつ組になり皿洗いを2日間、その後料理の

サハラ大砂丘（アルジェリア）

手伝いを2日間しなければならない。2週間に一度しか回ってこないが、これがこの旅行中の一番の苦痛となった。西洋人は男でも料理はできるが、私は不器用だし、日本での経験は全くない。23人分の食器は量が多く、洗い終えるのに30分はかかり、胃が痛んだ。料理は全くどうしてよいか分からなかった。だが、クッカーのカナダ女性と相棒のカナダ人が寛大で親切な人で、比較的やさしいミルク作りや野菜切りなどをするよう懇切丁寧に指導してくれた。落ちこぼれを無視しないで皆で一緒という西洋人の方針がとても身に染み、うれしく感じた。それでもトマトなどはうまく切れず、形がくずれた。

炊事以外にも各自一つ、役目が与えられた（薪《まき》を集め火を熾《おこ》す、トラックの屋根へのテントの積み降ろし作業、水をタンクに詰めるなど）。私はうっかり簡単と思い、ごみ捨ての仕事を志願した。これも毎食に穴を掘らねばならず、ハードだった。パートナーが親切なカナダ人であったことが幸いして、私は補助のごみ箱洗いですみ、ピッケルを使って土を掘る仕事などは彼に任せた。

〈体洗いや洗濯を川、湖でやらなければならなかった〉

タンザニア、ブルンジ、ザイール、中央アフリカ、カメルーンにかけて、シャワーはほとんど存在しなかった（サハラのオアシス都市にはあった）。だから体洗い、洗濯は天然の水でやらなければならない。アフリカだととりわけ汚れるのがとても早いので、いつ洗うかの管理や、洗濯物の干す場所も蟻がつくので苦心惨胆《さんたん》。トイレもいつ、どこでするかに気を配らなければならず、面倒なので2日に一度と決めたりで、気苦労は実に多かった。
また、川の汚い水で料理することもあり、手洗いは1個の容器でしかやれず、その水はひどく濁る。よって腹をこわす人も多く、2人の女性はダイロレアで5日ぐらい寝たままだった。女性は体洗いも苦労が多く、全裸でやっていたこともあった。

〈怪我をこれまでになく多くした〉

怪我の種類もさまざまあり、先ず突き出た枝がトラックに入り顔を切る。アフリカは尖《とが》った草も多く、手を切られる。また、トラックから地面へ降りる時その階段がよく滑り、足を踏みはずして転落してしまう。特に2回目の時はその弾みで手を切り、背中もきつく打って痛みがずっと取れなかった。そこから落ちたのは私だけでなく、女性の大半が体をひどくぶつけていた。足は特に悲惨だった。泥が靴に溜まり、そこにマメができ、次に登山で親指の下の皮がひどくむけた。

さらに、ザイールのジャングル奥地に入るとダニ、シラミ風の虫が寝袋やズボンの中に無数に侵入し、足がかさぶただらけになる。サハラに入ると今度は砂の影響か、草履でいると踵《かかと》や足じゅうがむくれ、赤く腫れ上がる。これが5カ所や6カ所もでき、歩行が大変困難になった。勿論、私だけでなく、他の人にも似た現象が起こった。

〈トラックが泥に埋まり、20時間ストップした〉

これは旅の最初、マリンディとツァボイーストの間で起こった。12月初旬のケニアは雨期で道がぬかるんでいる。日没前、トラックが傾き左車輪が埋まってしまった。全員降りて押しても動かない。日没がきたので、そこの泥にふすふす足がはまるような場所でキャンプをしなければならなかった。この時に大変憂鬱《ゆううつ》になり、旅の最初からこうではこの先どうなるのか？　自分は何故こんなことをしているのかと悩み、妻子の顔も目に浮かんだ。でも翌日、外国人たちはくじけず、タイヤの前に穴を掘りながら集めてきた石を埋める。こんなことにも詳しく、力強く働く人が多いのに感心し、こういう旅は全員が協力しなければ運営できないと思った。やっと昼過ぎに、エンジン一発でトラックは無事這《は》い出した。

上：皆で協力して車を出す　下：ぬかるみの中でキャンプ

〈一人ぼっちにされ、怖い思いをした〉

ザイール東部、キブ湖畔にニーラゴンゴという火山がそびえている。最近、1979年にも爆発した活火山だ。そこを1日かけて登山した。見かけはキリマンジャロより急に見えると同行者が言っていたが、まさに大難儀で頂上まで5時間、最後は這って登り、やっと煙を吐く火口が拝めた。だが、もっと恐ろしかったのは帰り道だ。登りで疲れたので帰りはがっくり。皆にどんどん置いていかれ、気が付いたら一人ぼっちだった。そこは国立公園なので人は誰も住んでおらず、その日の登山者は我々だけだった。確かに道は一本道でどこまでも続いているのだが、行けども行けども人に会わず終点へ着かない。これは道

コンゴ河（中央アフリカ）

を間違えたのではないか？　でももう日が暮れるから真っ直ぐ進むしかないだろう。真っ暗になっても着かなかったら野宿しかないか？　誰か原住民でもいないかと周りを見回すが、気配なし。人影を見つけジャンボーと叫んだが蜃気楼《しんきろう》だった。ほんの2時間ぐらいでも、人が周りにいなくなってしまうのがこんなに恐ろしいとは。もう命も終わりかと絶望的になった時、一人遅れていた63歳のイギリス人が追いつき、その後すぐ平道に出た。その時のうれしさは言葉に言い尽くせない。

その後、中央アフリカの部落の川で頭を洗っていた時にトラックに乗り遅れてしまった。この時も大慌てで、別の車に乗せていってもらおうか、今夜は部落で1泊するしかないかと真っ青。10分後にトラックは戻ってきてくれたが、アフリカでは仲間と離れぬよう全神経を使わねばならない。

〈トラックの屋根に乗って走った〉

ゲルバのトラックは運転台の屋根の上が座席になっている。4〜5人が座れ、そこに座るとスリルを味わえる。ピグミー部落途上、軽快なジェットコースターに乗った気分を何回も。これに味を占めザイールのジャングルでトライしたら、死に神に魅入られたような恐ろしさを体験。ジャングルは枝が両サイドから突き出ている。ぶつからないよう頭を屈《かが》めるタイミングを間違えるとアウト。先ず脱いだシャツが枝に引っかかり、さらわれ、次に枝を叩いたと思ったら蟻《アリ》の巣がポトンと落ちてくる。慌てて下へ落としたが、まだかなり残ってそこらを這い回る。それに気を取られていると枝が顔を引っかく。

一番危険なのは竹。隣席の外国人たちは平気で乗りこなしているが、一歩間違うと命にもかかわる。以後、屋根席はこりごり。それに、そのトラックは窓から足を外に出し座れるようになっている。そこでも健康的な風があたる快適な気分を味わいながら、美しい景色を観賞できる。

〈自然現象（大雨、砂嵐）に遭う〉

これが起こった時はメンバー全員がパニックに陥った。大雨にはマサイ・マラで遭遇した。4時間猛烈などしゃ降りが続き、テントの中に水が侵入し寝袋などもびしょ濡れ。トラックの中に縮こまっていても、豪雨の音がザーッと聞こえる。こういう自然と闘いながらの生活、大変だと感じながら時を過ごした。

砂嵐はもっと恐ろしかった。サハラ砂漠アルジェリアのインサラーという都市の少し北でキャンプした時、夜3時頃から吹き始めた。話には聞いていたが、こうも激しく長く続くとは。テントが倒されてしまうので相棒のマレーシア人と2人で支え棒をしっかり握って支えたが、突風はやまない。怖いし疲れるしで、トラックへ避難して寝ようということになった。だが外へ出ると砂が目に入り、歩くのも不自由。マレーシア人の寝るシートは風に吹き飛ばされてしまう。やっとトラックにたどり着き、這い上がる。残したテントは風に吹きさらされ、どうなるか。朝になっても風はやまず、その日の朝食、テント畳みは皆大苦労。昼頃やっと風が収まる。砂漠の隊商がいかに大変か、よく分かった。

〈ゴリラに会う〉

この旅で、ウガンダコブラやスカラベなどのニューフェースに対面できたが、圧巻はやはりゴリラに会えたことである。人間に近いからか親近感も湧いた。場所はザイールのキブ湖西岸のカフジヴィエガという公園。自動車道路の片側がジャングルで、パークになっている。その間を登っていくと10分で声が聞こえ、その方向を降りると糞《ふん》があり、さらに木の上に子供、ブラックバックなど7～8頭の群れ。目の前に巨大なシルバーバックが寝そべっていた。機嫌が悪かったからか、ガバッと起き突進してきた。ガイドが慌ててなだめると、木陰に入りじっくり構える。200kgもあると貫録十分。ダイアン・フォッシーの世界がそこにあった。この公園ではゴリラが数百頭いるので、上手に探せば会えるそう。奥にはゾウやヒョウもいるようだ。

それから別の初体験だが、マリンディの海で美しい色のついた魚の大群の間を泳ぐことができた。何十種、何百匹もの魚が水面下、すぐ手の届きそうなところに集まるのは一大スペクタルである。サバンナクラブのツアーで海岸を取り入れるのも一案であると思う。

〈ビザを取るのに12日間も待たされた〉

リーダーが、初対面の時にアフリカで一番嫌いなのはボーダーだと言っていたが、その意味

がよく分かった。ヨーロッパと違い、特に西アフリカでは国境近くに何重ものポリスチェックがあるのだ。荷物、カメラ、検疫、所持金、パスポートなどの検査で、調べ方も気紛れだし、一人で旅行したら神経が参ってしまうだろう。ビザを取るのも国ごとに規則が違い、数日待たされるのもざら。カメルーンのビザは、当時単独旅行者には発給されなかったようだ（入国拒否された日本人は飛行機で通過、こんな場合団体の方が有利）。ナイジェリアのビザも変わっていて、ブリティッシュパスポートの人は日本人の3倍ものコストを払わねばならない（旧主国への恨み晴らしか）。ニジェールのビザはナイジェリアのカノに着いてから6日目に、やっと発

アルジェリア、タマラセット近くのホガー山から

給された。

　さて問題なのはアルジェリアのビザで、これはニジェールのアガデズで申請する。前回のゲルバツアーにも日本人が参加したが、不幸にも彼とドイツ、オランダ女性がビザを発行してもらえず入国できなかった。だからモロッコまで飛行機で飛んだそうだ。サハラは見られないし、飛行賃やトラックと再会するまでの生活の費用も自己負担で、馬鹿らしい限り（日本では1カ月のビザしかくれないので、それを延長させなければならない）。私も大変心配した。

　そうして申請したのだが、アルジェへ照会するので1週間は待てとのこと。ビザを取る必要のない人々（イギリス人やスウェーデン人）は特に焦燥し、一人は我慢できずアルジェリアへ単独旅立っていった。西洋人はこういう時もクイズ大会を運営したり、時間の潰し方は上手である。

　その後、リーダーは何度も大使館へ通い続け、8日目の午後、やっとテレックスが入り、ニュージーランド人2人以外は全員OKになり一安心。だが2人は真っ青。そこへ置いていくのも可哀想なので、翌日、翌々日も通うがテレックスは来ない。リーダーの必死の交渉で2人もOKが取れ、11日目にやっと出発。肝心の砂漠の真ん中の国境では、出国時に

4時間の昼休みに遭い、入国では17時以後は翌日まで待てというので、24時間も費やした。最後のモロッコ入国でも問題が起きた。ビザ取得が必要のマレーシア人は入国できないのだ。アフリカでも、ここことチュニジアだけは日本人でもビザがいらないのだが、国境では私だけ特別に両親名やカメラの機種を書かされたりした。とにかく、いま時分、日本人でもこんなに入国が大変な国々があるというのは新発見だった。

〈蓄積疲労の病気にかかる〉

90日を過ぎると、疲労からか夕方高熱（マラリアかもしれない）が出ることもあった。解熱剤を飲むと治ったが、さらにスペイン北部へ行き、寒くなってくると疲れがどっと出てきた。下痢、風邪、熱以外に体の節々の骨（背中や腹）が痛くなってきて、立ち座りの動作さえ苦痛を覚えた。あと1日旅が続けば危なかったような気もするが、フェリー（サウサンプトン行）、飛行機、カラチと休むうちに体は回復した。この旅で体重は7kgも減った。

苦労の連続でも楽しい、心に残る旅行となった。

コントラクトブリッジで世界へ

このゲームについて書くのは3つの理由がある。

第一に、私が知っている最も面白いゲーム、いやアフリカサファリにも肩を並べる最も楽しめる娯楽だから。第二に、私が日本のトップクラスと同等にやれる唯一のものであること。第三に、トーナメントで10回以上海外に行ったから。

他のゲームとの比較だが、麻雀は始めたての頃は面白かったが、運で決まることが多いような気がして、1年でそれほどやりたくなくなった。囲碁は私の理解力が遅いからか、上級者のように楽しめるようになるのにはかなり時間がかかりそうだ。ところがブリッジは、最初の3カ月はつまらなかったが、ルールを覚えたらとても面白く、40年近く熱中している。マラソンの前日は鬱陶《うっとう》しい気分だが、ブリッジの前の日はわくわくした楽しい気分になる。まして優勝してカップをもらった時などは大感激（私はスポーツではカップは無理だし）。だが、成績が良くなくて落ち込むことも勿論ある。私以外にもブリッジに熱中している人も多く、私はせいぜい年40日だが、200日以上このゲームをやっている人は1000人を超えると思う。もっぱら子育てを終えた有閑夫人か、これに人生をかけプロになった人がメインだ。

どういうゲームかと言うと、トランプを13枚ずつ4人に配り、対面に座るパートナーと何トリック取れるか（切り札を決め）競りをし、その数が達成されるかどうかである。特に、チームメイトをつくって4人でやるチーム戦は人気がある。他のゲームと違い、一人ではできないので面倒くさいこともある。でもパートナーとの協調をつくり上げるので、人間関係をスムーズにする訓練ともなり得る。また、気の合ったパートナーを見つけるのは結婚相手を探すくらい難しい気がする。

第二の日本のトップとプレーできる件。上級者には先ず勝てない囲碁や将棋と違い、ブリッジは配分されるカードもさまざまで運も生じ、これはといったペアチームが勝つこともできる。それと日本では囲碁将棋のようにマスコミが取り上げてくれないので注目は浴びず、トッププレーヤーでも生活その他の面で不遇である。多少金銭的余裕のある私と組んで小遣いをもらいたいというのもあり、私が主要チーム戦で優勝できるのは強いプロと組むからである（でもプロに比べかなり少ない日数の練習量で勝てるのは、多少才能があるからかもしれない）。ブリッジでは競り（ビッド）、作る（ダミープレー）、防御（ディフェンス）の３つの技術が必要とされる。

第三の理由、海外では全く事情が違う。例えばアメリカでは最も人気のあるゲームで、年３回の主要大会には数千人が世界中から集まる。ビル・ゲイツやウォーレン・バフェットが顔を見せることも多い。だが仕事中心の人たちは先ず勝てず、強いのはスポンサー（女性も多い）が世界から上手なプレーヤーを集めてつくったチーム（スポンサーもメンバーとしてプレー、半分出ればよい）。中国でも鄧《とう》小平《しょうへい》が好きだったからか、ブリッジは

ブリッジ日本代表メンバー（マーストリヒト）

特に強い。麻雀、囲碁より人気があるそうで、プロは良い生活ができ、世界選手権でも優勝、女性は

年交互に世界選手権（バミューダボウル）とオリンピアードがあり、私はオリンピアードでマーストリヒト（オランダ）、モントリオール（カナダ）、ベローナ（イタリア）に。世界選手権では上海、そしてアジア選手権が台北、ジャカルタ、ゴールドコースト。アメリカ選手権ではアトランタ、ホノルル、ニューオーリンズに出場した。しかし、海外で勝つのは実力的にとても難しい（アジアではそうでもないが）。

だが、ブリッジはクラスもジュニア、シニア（60歳以上）、レディースといろいろあるし、日本代表には容易になれる（特にジュニアは）ような、夢を持てるゲームである（極端にプレー人口が少ない、例えばチェッカーなどはもっとやさしいだろうが）。

とにかく勝負事が好きな人には、頭の体操、ボケ防止にもなるこのゲームを勧める。人生での大きな楽しみが一つ増えること間違いない。

この後２０１３年香港で極東選手権があり、ここで3位に入れば秋バリ島で開催される世界選手権に出られる。私は60歳以上のシニアリーグ（日本から3チーム参加）に出場。開催国のインドネシアは無条件で出場でき、台湾と香港チームが１、２位で出場を決めた。

我々は運良く日本でトップだったが、その後4位の中国、3位のタイと1日かけて試合をし、かろうじて勝ち出場権を。このゲームは4人だけで朝から晩まで、疲れたが嬉しかった。こういう形でシニアボウル（世界選手権）に出るのは初。

翌年海南島の世界選手権（ローゼンブルム杯）も4人でシニアリーグに出場。決勝の8チームにはアジアから我々だけが残った。（多くの中国人チームや他の日本人チームは落ちた。だが優勝のアメリカチームに指名されたので決勝リーグはすぐ負けた。

1昨年ポーランドのヴロツワフでの世界選手権も日本代表で出た。街中に人形が置いてある、のどかな明るい街だが成績は芳しくなかった。中国は強くなっていた。昨年インドのゴアでのアジア選手権はスーパーミックスという試合。これは男性ペアが女性ペアとずっと対戦するチーム戦で、かわいい女性とスクリーンメートになり（韓国や香港）楽しかった。2位になりカップをもらえた。（優勝はインド）それとジャカルタでのアジア大会でブリッジがスポーツ大会の種目として取り上げられた。これには予選で負けて出られなかったが、日本のテレビでも放映されたのでブリッジの知名度アップにはかなりなったようだ。

最後にアメリカオーランドで世界選手権、ディズニーワールドの近くでどちらも楽しめた。
試合は種目が沢山あり、1つのゲームで60歳以上1位となり優勝の皿をもらった。12月ハワイであったアメリカ選手権はビルゲイツも参加。日本人の参加者も多く大勢が入賞したようだ。

【コラム】

ブリッジ優勝者決まる　【2011年1月11日付　朝日新聞朝刊より】

トランプゲームのコントラクトブリッジの第20回朝日新聞社杯全日本オープンスイスチーム選手権試合（日本コントラクトブリッジ連盟主催）は8～10日に東京都内で開催され、最上級クラス（フライトA）で森村俊介、趙金龍、蒋懿、今倉正史の日中混成チーム「九寨溝（きゅうさいこう）」が優勝した。6階級に162チームが出場。参加人数は過去最多の923人にのぼった。（新聞記事より抜粋）

世界の船旅

私の最初の船旅は、横浜からナホトカへのソ連船。これは当時、多くのヨーロッパへの日本旅行者が利用していた（以後ハバロフスクまで汽車で、その後多くは飛行機でモスクワへ）。

次に、アガサ・クリスティーが大好きだった私は『茶色の服の男』に書かれたロンドンからケープタウンへの船旅に憧れ、その豪華客船のことを日本で調べた。幸いバールという船が実在し、ケープタウン―ロンドン間、確か2週間で二十数万円だった記憶がある。これに乗り込むまでいろいろ苦労はあったが、日本人は私一人。当時英語は全くしゃべれなかったが、船では珍しがられ親切にしてもらった。特に若い夫婦や学生が多かった。南アフリカ共和国で遊び、船でリラックスしながら帰る旅は、休暇を取るのが困難だった日本の社会に比べるととてもうらやましく、少し日本も欧米に近づかないかなと思うようになった。

しかし時は流れ、20年後に日本にも豪華客船は出現。さっそく家族で楽しもうと、樺太への1週間飛鳥の旅に参加。当時次男は3歳だったが、親切なベビーシッターが2人いて心配なかった。9歳離れた長男と眺めが良い風呂で遊んだり、上陸後のハイキングやバーベキューパーティーも楽しんだ。日本船はやはり食事も甲板で焼くうなぎなどおいしいし、妻も「こんな楽な旅、母のようにずっと時間が空いている人にはぜひ勧めたい」と言う。そして冷蔵庫に入った飲み物をいくらでも飲めるのにも喜ぶ。函館では親友の家族とも合流。その他、ショーやクイズ、映画を楽しめるのは勿論。樺太の主要都市ユジノ・サハリンスクは、アジア系よりも白人の数が多いのは驚いた。北方領土も同様なので、返還が難しいのかもしれない。部屋は下から2番目のクラスだったが、まあ快適で食事も上のクラスと変わらないようで楽しめた。80歳のクルーズ好きの叔父とも偶然同船だった。

次に、南極への旅。南極を訪れていないと世界中回ったと言えないような気がしていて、ちょうどYPO（ヤング・プレジデント・オーガニゼーション）でツアーがあったので最短のコースに参加。とにかく遠く、ロサンゼルス、サンチャゴと二度乗り継ぎ、アルゼンチン南端のウスワイアまで36時間かかった。さらに南極へは船で24時間かかるのだから、最も遠方だろう。出航直後のホーン岬付近での大揺れで、かなりの人が気分を悪くした様子。

大陸へはこのロシア船からゴムボートに乗り継ぎ、海を渡って上陸。無数のペンギンと直前で対面でき、温泉にもつかれる。この船でも講演会やパーティーはあったが、驚いたのは、年明けの夜に白人の女性の多くがタンクトップを着て甲板に出て、冷たい風にあたっていたことである。

私は1週間だったが、平沢さんという86歳の方は3週間のツアーに参加し、カレンダーも作られた。私は船旅は老後の楽しみと考え、まだ参加回数は少ない。

その後、北極点まで砕氷船で氷を割りながら進む旅。それは後に書く。

さて、小笠原へは船でしか行けないのだが、飛鳥は台風の心配のためやっておらず、三井の日本丸で参加。食事はとても美味しかった。

小笠原はとても遠いが、島はのどかでここに駐在したがっているお巡りさんや郵便局の人が多いそうだ。父島はカメの料理屋があり、その飼育場。それに水上運動会もやっていて人口は5千人位。母島は人が少なく、鳥や虫の保護パークがひっそりとあり、とても静かな感じがした。

北極点の岩場に生息するペンギン

海岸のペンギンたち

ＹＰＯの活動で世界各地へ

この団体、ヤング・プレジデント・オーガニゼーションについても少し書きたい。アメリカに本部がある、若手社長の親睦及び勉強が主目的の会である。日本では44歳までに入会せねばならず、50歳で卒業となる。私は43歳の時に入会したが、日本ＹＰＯは、とても居心地が良く楽しい会であった。ある程度の会社の規模がないと入会できないが、これほど有力な友達がつくれて親しくなれる会はあまりないと思う。

メインの事業として1週間の夏期大学があり、北海道、マウイ、石垣島に参加した。卒業の年のラスベガスの後のグランドキャニオン・ラフティングへは7家族で参加、私も長男と参加した。これはゴムボートで急流を下り、かなりスリルがある。5泊も川辺でキャンプし、エリアが管理されているのか、この間全く他の人とは会わなかった。ツアーのボートの漕ぎ手はたくましい美女であった。最後6～7時間歩いて登り、峡谷の上まで行くのはとてもハードだったが、子供たちの強健さにびっくり（その時は大学～高校生が多かった）。その後、男女の子供たちは仲良くなり、これまでＹＹ会などで交際が続いている。

　この会の主要な活動で、フォーラムというのがある。これは10人でグループをつくり、月1回4時間の会合をする。これは内密で深刻な悩み事を仲間に相談したり、それまでどのようなことをしていたかを各々《おのおの》報告したりするのである。これは同様の立場の人がどうしているか、どう考えるかを知ることができるのでとても面白く、会員間でも人気がある。

　年1回、リトリートという普段と違う集まりをしなければならず、アメリカ西海岸やタイ、上海にも行った。現地で会社経営している人の話を聞いたり、タイではキックボクシ

グランドキャニオン　ラフティング

ングを習ったりもした。

我々のグループは50歳過ぎても同じメンバーでこれを続け、リトリートで下田や沖縄でカヌー、大阪の料理教室でパスタの作り方を習ったりした。つい最近、屋久島に行き、縄文杉のところまで登った。私の会社に屋久島電工という取引先があるので社員も数人訪れているが、世界遺産になっている山の上の方へは誰も行っていないので、私が一番乗りをしてやろうと思っていた。だが、道がかなり整備され滑りにくくはなっているが、11時間の行程はきつく、大雨だったうえにマラソンの時と違って膝から上がずっと痛んだ。

雨でも数百人の人が登っていたのにはびっくり。雨の日の多いこの島では、そうしなければツアーが成り立たないのであろう。

それから、外国人のメンバーと交わる国際社長大学。これはサントリーの佐治社長夫人とペアで参加したアマゾン・マナウスでのナマズ釣りや小さなワニ狩り、フィリピン・コレヒドール島での野外ゲーム大会が印象深い。スペインでは巡礼の地、サンチアゴ・デ・コンポステーラの寺院で礼拝中、天井から吊り下げられた巨大な鐘をすごい勢いで揺らす迫力。バリ島で、山中の家の庭で夜間整然と行われたケチャックダンス。狭い川を下るラフティング、リフトで降りて農業見学などが印象的だった。

日本側が呼ぶのは準備、経費的とも大変。横浜大会では鎌倉の大仏を借り切ったこと、大阪大会ではやはりその前に行われた前述の中国の旅が思い出深い。

ＹＰＯが終わった後も、ＮＰＯというＯＢ会もあり、現在サントリーの佐治さんが会長をしている。後述のボルネオ旅行も行った。

最近ベトナム会というのが出来、ハノイの企業見学をした。ニトリ、三菱鉛筆等でこちらの方が人事管理や生産ノルマも厳しく能率があがるそう。

ベトナム女性はオートバイに乗り忙しく働いていた。ベトナム領事館を訪問し、有意義な話も聞いた。女性がいるカラオケバーもあり、食事が美味しいのは言うまでもない。

美しいトラが見られるインドへ

昔、インドで4～6月の酷暑の中、おそらく40度以上で死ぬような苦しみを味わい、無数の手足のない子を見て、とても印象が悪かった。しかし、他のシーズンは普通に過ごせ、貧民の数も少なくなり、そんなに旅行しづらいところではないと思うようになった。

ここでは仕事の話を少し。私の会社は、昔からチェンナイ近辺から半導体の材料になる硅石《けいせき》を輸入している。その関係であるマハラジャと取引ができ、合弁で硅石の粉砕工場をつくった。

そのマハラジャは他にセメントの売買とか多角的に商売をする地方の名士で、自宅は召使いが100人以上いるような城。夕食は広い食堂でおごそかに行われる。息子の結婚式や、1年後の子供の誕生祝いなどに招かれた。どちらも地元から数えきれないぐらいの客が来てにぎわい、食事は全く別々、個々に食べる、独自の文化を守るインドは面白い。エリートの知的レベルは素晴らしく、商売もとても順調だ。食事も昔はカレーが嫌だったが、

慣れてくるととてもおいしくなった。ただ腹にもたれ、必ず下痢になる。結婚式に同伴した妻もおいしく食べていたが、帰ってから調子が悪くなり点滴をした。

さて、私の大好きなアフリカサファリでも見られない最高に美しい動物。すなわちトラは絶対見なければならないと思い続けていた。以前、ネパールやマハラジャの接待で訪れたパークでは空振り。そこで確実にトラが見られるバンダウガルという公園へ。デリーから汽車で南東に18時間もかかる場所。いつもの道祖神の手配で訪れた。初日は何故かトラと出会えず、その代わりインドの狼といわれるドールやクジャク、イノシシと遭遇。でもここは三十数頭のトラがいるそうで、翌日には草陰からのっそり出現。このB2という名のトラは家畜の牛も襲うそうだ。この巨獣の美しさは世界のどの動物にも勝るという意見に、私も同意せざるを得ない。トラの被害は多いようだが、何とか滅びないようインド政府に頑張ってもらいたい。

自動車で行けない草原の真ん中や、谷底の川へ降りるのにはゾウに乗った。川辺にも3頭寝そべっていた。ここのロッジの食事もおいしかったが、カレーは腹にもたれるのか、この時も腹をこわした。

最近の訪問国と北朝鮮

50歳前に訪問の遅れていたベトナムやカンボジア、さらに南極まで行ったのでもう十分かと思ったが、まだ重要な場所は残っていた。そこでワールド航空という珍しい場所を回る旅行社を5回使った。ここの客は平均70歳だそうだが、添乗員のサービスも立派でみやげ物屋にあまり寄らないなどで人気があり、年3回ぐらい必ずここを利用して旅行する人も多いらしい。

最初のきっかけは、新聞広告で見た年末年始のサウジアラビア、ヨルダンの旅だった。サウジアラビアは言わずと知れたアラブ世界の中心。個人で訪問するのは難しいそうだ。ヨルダンは大好きなアガサ・クリスティーの小説『死との約束』に出てきたペトラを昔から一度訪問したかったので。このツアーは参加者も200人（サウジアラビアだけのグループもあった）を超えたようで、4~5のグループに分かれていた。サウジアラビアでは女性の旅行者も全員黒い装束で全身を包み、頭にかぶらねばならない。ビールもノンアルコールで、町にも女性は見かけず静まり返り、回教色の強さを実感（リヤド）。

ヨルダンに入ると俄然《がぜん》明るくなる。ペトラは映画『インディ・ジョーンズ』の舞台としても有名だそうだ。クリスティーの本では、ラクダで神秘的な死の谷へ降りていくと書かれ、確かに崖にはさまれた細い道の間から突然現れるエルハズネは圧巻。岩を彫り抜いて作られているのが、とても高度で難しそう。さらに奥にある劇場や山上の僧院もそうで、ここが世界七大遺跡に選ばれるのは当然と思った。死海はイスラエルで2回訪れたので、変わりはなし。塩は粘っこいが、皆浮くのを喜んでいた。ここは洗濯物はあっという間に乾く。首都アン

ヨルダン・ペトラ遺跡

マンの中にあるジェラシュの遺跡も雄大。ヨルダンは、好戦的な国の真ん中で平和を謳歌《おうか》している素晴らしい国と感じた。

次の旅はパプアニューギニア。世界最大の島、残された秘境ともいわれるので一度訪れたく、特に未開地の真ん中に建つカラワリ、タリという2つのロッジには行きたかった。このツアーはどちらも訪問したが、アフリカサバンナのロッジを知っている私にはどちらもそれほど感動しなかった。でもカラワリでは、文明社会から隔離されたようなセピック川辺でほとんど裸で暮らす部族を観察。油の採集と漁労だけで生活しているそうだ。

そして3番目のアイスランド、グリーンランド。私の訪問直後に、「明暗を分けた二つ

パプアニューギニア　ゴロカ

の島」というテレビ放送が日本であった。資源もなく農業もできないが、火山国の地熱を利用して、平均寿命や個人所得が最も高くなった島国国家アイスランドと、イヌイットしか住んでいない不毛のグリーンランドという設定。確かに氷山に囲まれたグリーンランドのアンマッサリクは夏でも静まり返っていたが、家は小ぎれいに並び、暖房も完備していたようだ。アイスランドでは、この地熱を利用したこんな大きな温泉は初めて見るようなレイキャビク市内のラグーン。さらに第二の都市アークレイリからすぐ沖で見られたクジラ。ボートで回るヨーロッパ最大のヴァレヨークトル氷河。それに生活水準の高そうな人々のたたずまいが印象に残ったが、その後

パプアニューギニア

金融危機で崩れてしまったのは残念。この旅では、55歳の私が24人のメンバーの中で最年少だった。北欧はマラソンのノルウェーの時と同様、年を重ねてから行く人が多いようだ。訪問国数は私が一番多かったようだが、それでも旅行通の人たちからいろいろ情報をもらった。真のアフリカらしさが見られるマリと、世界最長のエンゼルフォールスの見られるギアナ高地はぜひ行け。そこは山の頂上までヘリコプターで上れるユーラシア旅行社が良い。私はその通り実行した。とにかくこの旅のメンバーは大半アフリカを訪問していて、話題は僻地《へきち》のことが多かった。

4番目のチベットは中国の旅で書いたので、5番目のキューバ。世界で最もキューバが好きで5回訪問した婦人の話や、カストロが生きているうちに数少ない共産国家を見ておけという勧めは多くあった。なかなかチャンスがなかったのだが、やっと実現。

町中で見かける1950年代のアメリカ車は格調高く、とても懐かしい。昼食時に演じられるサルサダンスもなかなか、チェ・ゲバラの銅像や写真が多いのもびっくり。カストロより慕われているようだ（日本でもゲバラの記録映画が演じられていた）。だが、夜は昔のソ連、中国同様に暗くしんとした感じだし、市場で売られる物も限られ、食事もおいしくない。物乞いもいる。共産主義は早く終わってほしいと願っている人が多いようだった。ヘミングウェイの別荘にも面影が感じられたが、近辺は寂しい感じ。面白いと思ったのは古都トリニダーとリゾート地パラデロのホテルで、泊まり賃を払えばその後何を食べても飲んでも自由（オールインクルーシブ）なこと。夜のバーやダンスショーはとてもにぎわっていたが、高価な酒は少なかったようだ。最後、ハバナのトロピカーナのショーは、他では見られないほどダイナミックで美しかった。

キューバのついでに、15年前に訪れた北朝鮮。当時はアントニオ猪木さんの関係で旅行者を募集していた。名古屋から北京経由、見る限り人が少なく、のどかに感じた。図書館などは規制され、子供たちが行進しているのもよく見た。カラオケもあり、怖そうなポリスはいなかった。

食べ物は焼き肉も多くあり、どんぐりが印象に残った。食料に不足している感じはなく、全部を見せてはいないと感じた。マスゲームの華やかさ、色が変わる素晴らしさは見ないと分からない。自動車数が少ない道路を抜けて着いた金剛山、数人の女性ガイドが重そうに荷物を運び料理をしたが、人が少なく静かな感じだった。不気味な感じもした。

ＮＰＯ海外セミナー

２００4年5月6日から5月9日まで、ＮＰＯの海外セミナーが3年振りにボルネオ島で行われた。私が入会してから初めて。過去2年、政情不安定やＳＡＲＳで途切れていたので、今年もやめにしようという意見もあった。だが、小平会長の「ＮＰＯに海外の催しがないというのはつまらない。ぜひ施行してくれ」という励ましもあり、それではと三木・小島先輩たちと案を練った。気軽に行けて、皆がそんなに訪れてない場所をと意見が一致し、満州とブルネイが候補に上った。私がブルネイを押した理由の一つとして、世界全部を回ったと（90カ国訪問済み）断言したいのに、面積6番目以内の大きな島全部が未訪問というのはネックだったからだ。今年の正月にやっと2番目のニューギニアを訪れたが、3番目のボルネオ島も最近観光地として人気も出ているし、興味はあった。

理事会に諮《はか》ると、意外にブルネイという声が多かった。3月終わりに日程を発送したにもかかわらず、20名を超す人が即座に集まった。やはり、短期間で珍しいところというのが受けたのだろう。人が集まらなければ中止という案は吹っ飛んだ。帰りの飛行機の予約が少々手間取ったが、それも落着。

私はＮＰＯの旅は初。小島先輩の、ビールやラーメンを用意される気配りの周到さには脱帽した。最初、ブルネイの王族に会うという案もあったが、連絡に手間取るのでそれよりはマレーシア・サバ州の州都、有名な観光地コタキナバルに2泊と変えた。マレーシア航空の成田からの直行便、昼の1時半の余裕ある出発。6時間のフライト後に到着。しゃれたシャングリラホテルまで20分で、着いたら熱帯のため湿気があり、ムッとした。部屋も居間、寝室に分かれ、バスルームも2つある広々とした豪華な感じ。夜食は冷房の効いたホテル内のレストランで広東料理。フカヒレやダックは勿論おいしく、ダチョウの肉が軟らかかったのが印象的。ＮＰＯの奥様方は私が初めて話す方が多かったが、皆若々しく、60歳を超えているとはとても思えない。各々、楽しく充実した生活を送っているからであろう。

ホテルは静かな海に面して建てられ、数多くの屋外プールがあり、朝食を取ったレストランからの眺めは抜群。

朝9時出発でキナバル公園へ。モスクが目立つコタキナバル市は人口30万で、小ぎれい

ブルネイのホテルで

な感じがした。町をすぐ抜け、農村を走る。山側にはジャングルも見え、まだ未開発なところが多いと感じた。キナバル山のある公園まで２時間近くかかり、そこの山の中腹でショッピング。皆、しゃれた折りたたみ帽子を買っていた。しばらく行った眺めの良さそうなパーカサスホテル（曇りなので約４００ｍのキナバル山は見えなかった）で、中華風の肉を中心とした食事を取った。

その後、山岳植物園の見学、何十種もの野生ランやオーク、シャクナゲ、食中植物ウツボカズラなどが見られた。私は動物には詳しいが、植物は疎い。ここでも奥様たちの博学には、華道の関係からか専門的に勉強されているようで感嘆させられた。

それから2組に分かれた。ホテルに帰った方たちは休養か、伊奈先輩のようにウィンドサーフィンに挑戦された方もいた。残りの人は、過酷な長さ157mの吊り橋を渡るキャノピーウォークに挑戦。金沢さんや村田加根子さんのようなベテランから、若手の奥様まで参加。バスを降り、ポーリン温泉という太平洋戦争中に日本が作った数カ所の野外浴槽の前を通過し、山道へ。かなり急な勾配。山に慣れた馬場夫人、大谷夫人は素早く登る。途中、前を行く年配の外国人紳士が足を滑らせ転び、さらに谷へ転げ落ちるハプニングも。かなりハードなのだ。20分で吊り橋の下の小屋へ。橋があまりにも細いので皆仰天、仕方なくこわごわ渡る。40mの高さだが、橋はかなり揺れる。しかも前に、体重のある石坂氏と奥様。橋はへこむ。石坂氏も夫人に庇《かば》われ、半分まで。石坂氏はそこで休んだので、残りは婦人一人で速いスピードで渡り終えると大雨が降り、帰りの泥道も石坂氏はかなり苦労したよう。雨に濡れたので、私は水着になり温泉につかった。結構温かくて気持よかった。帰りのバスも長く、最後に洪水で道に水があふれ、渋滞したのは熱帯の国らしかった。

夜は野外のバーベキューパーティー。そこで踊り子たちとのダンスや吹き矢の催しがあった。踊りの上手な奥様も多かった。2日とも、その後のNPOナイトでゆっくり飲んだ。翌日はゆっくり起き、朝食。コタキナバルはキナバル山の登山（私の知人も数名登っている）やマリンスポーツの基地として、若い日本人が多く訪れるらしい。

次の訪問地のブルネイは厳しいイスラム国なので、持ち込みが一人ウイスキー2本とビール12缶までと定められている。比較的若い私や石坂夫妻、大谷さんは半強制的に、手荷物でかなりの量を分担させられた。

ブルネイの人口34万人（マレー系7割）のうち日本人は88人だけだが、日本通が多いからか日本料理屋が5軒も。10年以上住んでいる奥さんのガイドで案内された。久し振りの日本食はおいしかったが、幕の内、寿司、ソバにたっぷり天麩羅《てんぷら》が出たのは多すぎ。なるべく残さない主義の私は全部食べたが、こんなに腹がもたれたことは数年来で珍しい。観光は、最初に王室にまつわる品を飾ったロイヤル・レガリアへ。代々の国王・王妃の写真は皆興味深く見、現在の王のスマートさに感心。戴冠式のパレードで使用された巨大な車には圧倒される。次に、3万人が住む水上集落へ。超近代的な金持ち国家にまだこういったところも残っているのか、確かに水道・電気も引かれていて、涼しい風が入り、住みよさそうにも見えるが、建物の古さなど一昔前の感じだ。最後にオマール・アリモスク。こんな新しいモスクは見たことない。1958年にできたらしいが、けばけばしい。女性の礼拝堂が男性の半分ぐらいだったのは、男性優位の回教寺院らしい。

そしてエンパイアホテルへ。伊奈先輩が「嫌になっちゃうね。こんな豪華な造りの建物は日本にないねえ」と言うように、まさに宮殿のようなホテル。とにかく国王が3兆円も持ち、所得税がなく、医療・教育費も無料の国は桁《ケタ》が違う。

最後の夜のパーティーは、在留日本人との交流も兼ね盛大に行われた。仁坂特命全権大使のお話、20年以上住んでいる飛島建設の人や、三菱商事やマツダ、さらに現地の大学で教えている方も来られた。その方々の話では、石油天然ガスにより国はとても豊かだが、問題は職が少なく大学を卒業しても就職できない人もいて、失業率が5％で最高になったこと。8月に皇太子が御成婚される。乗られている車と我々もすれ違った。20年いる飛島建設の人の話では、どんどん国は発展しているが、一歩奥へ入れば未開のジャングルで差は激しいとのこと。

その日も中華料理を食べながらダンスパーティー。その後、バスで夜の静かな町を回る。遊園地、そして月明かりを浴びたモスクが神秘的だった。その後、越智添乗員の泊まる特別室へ。豪華な造り。帰りも香港経由でスムーズに日本各地の空港へ。年配の方々も全員元気で帰還された。

海外旅行は、仲間同士で親しくなる方法としては、会話の機会も多くゴルフより良いかもしれない。参加者からも年2回にしてくれとの要望もあった。いろいろ気を使っていただいた、同行された先輩や旅行社の方々に感謝する。

西アフリカ、マリの旅

〈はるばる39時間かけて〉

今回20年振りの西アフリカで、サファリ以外の旅をした。旅行会社は道祖神で、ツアーコンダクターの紙田恭子さんを入れると9人、10日間のツアーだった。サバンナクラブで付き合いの長い浜野彰夫・藤江夫妻とも偶然一緒になった。私の十数回のサファリの旅では勿論、アフリカ縦断のゲルバツアーでも、各部族の生活にはあまり立ち入らなかった。その点、マリは特徴のある部族がとても多く、短期間でアフリカの縮図を見たような感じで、旅が何故人気があるのか分かった。私もアフリカの多くの人がどんなに苦労しているか、日本に生まれただけで感謝せねばと元気づけられた。

さて、ハードな旅もドバイまでは東アフリカと同様だが、そこからカサブランカまで8時間半、そこで11時間休み、さらに3時間半。夜の2時間半にマリにやっと到着。なんと出発から39時間。アルゼンチンの最南端ウスワイアへの36時間よりも長かった。だがうれ

ジュンネのモスク

しかったのは、ここ首都バマコのグランドホテルがとても快適だったこと。風呂もちゃんと湯が出て、冷蔵庫には飲み物もぎっしり、テレビもよく見える。

翌日のバマコ観光。博物館でマリの歴史や部族の説明、市内見学の後、マリ旅行社のボスの家で昼食。大家族で、なす、肉などを煮たシチューがおいしかったので食べすぎてしまった。

マーケットを散歩したが、最近のサファリの旅では体験していないので、とても緊張し疲れた。今回の旅は私が初めて最年長。こういうところはもっと若い時に来るべきだったのか。両親と10歳の子の家族も参加している。

翌朝も5時起きで、7時半の飛行機でティ

ンブクトゥーへ。行きも帰りも遅れないのは珍しいそうだ。ティンブクトゥーは、14世紀は文化の中心地だったそうだが、こうも寂れているとは。サバンナと違って昼は暑いので、昼食後は部屋でぐったりしていた。それでも、この年は例年に比べ涼しかったそうだ。夕方のラクダ乗りは、20年前の旅のトゥアレグ族とサヘルの景色を思い出させた。最初落とされそうで怖かったが、1時間は乗った。長く滞在している日本人の小島道雅さんと会食した。

翌朝8時の飛行機で到着したニジェール川沿いの町モプティーは、雨期だから緑が多く美しい。ただ集落や市場を回るとやたら子供の数が多く、まとわりつかれるのには参る。舟で行く漁民ボゾ族の村でも、多数が写真を撮らせて金を要求するのには閉口。ここの川沿いの有名レストラン・ボゾで昼食をしたが、1時間半も待たせるのにはびっくり。しかし、出された魚カプタン（スズキの一種）とデザートの大量のマンゴーに皆喜んだ。

ここモプティーは川沿いなのでマラリア蚊の多いところ。昨年も一人かかったそうだ。私は長袖・長ズボンになるのは嫌だったが、紙田さんの忠告で、この夕方だけは暑苦しい服装をした。

翌日も早朝出発で、有名なジェンネの月曜市へ。途中運河を渡るので、フェリーに車を載せなければならない。とにかく、こういう汚い水の溜まり場で水浴びしている子や洗濯している女性は多く、方々にある井戸がとても大事にされていた。ジェンネは色とりどりの衣装、そして時々はっとするような美しい女性（おそらくアフリカ西方にかなり広がるフラニ族であろう。あるいは多数部族のバンバラかもしれない）とも出会う。

ジェンネには大きな泥のモスクと多数の家があり（ティンブクトゥーも同様）、世界遺産に指定されているので壊せないそうだ。マーケットは敷物、衣服の他、石鹸や薬が目についた。なお、マリの人たちの生活は非常に質素だが、特に飢えているような子供は少ないように見え、皆元気そうだった。食べ物がよくあんな大勢の子たちに行き届くと感心した。

その後のドゴンのサンガ村までの道はとても遠く、パンクで1時間修理したのも含め9時間かかった。いかにサンガ村が隔離されたところにあるのか、よく分かった。

〈圧巻のドゴンダンス〉

サンガ村の北にある宿は、小さいが結構寝心地も良く、昼食に出た魚や多量のポテトもかなりおいしかった。サンガ村の密集さや長老のオゴン、頂上から見る崖沿いの家など、

ソンゴ村の岩絵

ここでこそ見られるもの。だが、やはり圧巻はドゴンダンス。特に竹馬に乗ったような3人の動きは迫力があり、私が生涯で最も感動した踊りかもしれない。女装しているので女性と思ったが、全員男性だそうだ。道路の事情でティレリ村の方へは行けなかったが、バナニ村までは降りた。急勾配の道は面白く、バナニ村では集会所や先住民の住居が見られた。バナニ村では屋根の上でキャンプして、星が美しかった。

村に到着した直後に豪雨があり、キャンプは無理と思われたが、すぐ上がったので大丈夫だった。

翌朝、少し離れたソンゴ村では、14～15歳までの割礼のシーンの岩絵が印象に残った。

ドゴン村のダンス

そこから昼食の場所までがまた遠く、車で6時間かけてやっとレストランへ。腹がすいていたので、そこで食べたホロホロ鳥は珍しいこともあってとてもおいしかった。その後訪れたボボ族という部族も、犬、馬、豚などを珍しく飼っていて特殊だそうだ。いろんな部族と会えて良かった。

最後の宿泊地、川沿いのセグウへ着き、ほっとする。夜食はデザートのヨーグルトが珍しかった。朝、願い事を染め物に書き、そこからバマコまでかなりのドライブ。ここでも腹がすいたからか、レストランで食べた肉まんのようなヴィジラ、ご飯にかけるサガサガ、さらにマンゴーなどがおいしく感じられた。バマコの豪華なグランドホテルで7時間休憩後、夜の12時空港へ。日本人観光客と会わない旅も珍しかった。

だが、ここからが大変。飛行機は何時間遅れるか分からず（結局2時間）、席も無事あるのかとても不安（切符をなくしかけ、怖かった）。とにかくこういう困難時のマリ人との交渉、さらに難しい通訳を丁寧にやる紙田さんの根気、気配りには頭が下がった。神経が細かく、気が強くなくてはできないだろう。

マリは、私にとって大好きなサバンナの旅のような感激や快適さはもたらさなかったが、人生のこれからの生き方を指針された。これだけ多くのアフリカの人が苦労しているのに、恵まれた日本では何故多くの自殺者や犯罪があるのか？　自分も我慢して生きねばならない。サバンナクラブの方々も、もっとアフリカを知るために一度マリを訪れてもよいかも。

99カ国目の冒険　ギアナ高地への旅

〈ベネズエラへ行こう〉

20年前、映画『失われた世界』の舞台となったギアナ高地へも行けるようになった、と言われた頃からここには憧れていた。その後、アイスランドなどで旅行通の人たちの話題でも「最も見て感動する滝は、イグアスやビクトリアよりもエンゼルだよ」とか、ボツワナに同行したご夫妻が、冬はギアナ高地で珍しい植物を見つけ名前をつけるとか、いろんなことを聞く。それに未訪問の国ベネズエラにあるので、99カ国目はここに行こうと決断。普通、旅行社はワールド航空を頼むが、ここでは最も高いロライマ山へヘリコプターで連れていってくれるユーラシアが良いというので、そこを手配。エンゼルフォールは休暇の取りやすい8月がシーズンと言われたのも良かった。

だが、この旅は1週間だったがサファリよりはるかに強行日程で、8人のメンバーで私は平均年齢ぐらいだったが、半数以上の人に異変が起こった。

失われた世界へ

日本から20時間以上かかってカラカスへ。市中心部は治安が悪いそうで入れなかった。翌日、飛行機でオリノコ川岸のプエルトオルダス、そこからセスナでギアナ高地のルエパ飛行場へ。これで若い人が一人、気分が悪くなる。それからカマの滝を見、ブラジルとの国境の町サンタエレナのヤッコキャンプへ。停電の多いキャンプ地。

〈ヘリで失われた世界へ飛ぶ〉

翌朝、オプショナル（5万円）で、ヘリコプターで『失われた世界』の舞台テーブルマウンテンの最高峰ロライマへ行くのだが、全員が参加。翌朝、ヘリコプターがなかなか来ないので不安だったが、すぐ前方から突然現

失われた大地に立つ

れ庭の一角に着陸、飛行機ではこれは無理と感心。そこからロライマへは1時間近くかかったが、殺風景な山頂へも無事着陸。とても寒かった。一面岩だらけで、死んだ世界のようだった。だがカエルやテントウ虫を発見、花も咲いていた。

その後、トラックでハスペの滝。大勢の若い男女が水着で水浴びをしており、さらに行ったパチェコの滝は水飛沫《みずしぶき》が気持ちよさそうだったので私も水着で滝にあたった。ここはギアナ高地特有のプロキニアが群生、その後のドライブ・トラックは乗り心地が悪く、若い男性がまた気分悪くなる。

昼食後、イボリボ村でカヌーに乗りチナクの滝へ。これは幅も広く、とても迫力があり、見て気持ちが晴れた。その村から出発の時、今度は女性が頭をぶつけ血が出て、近くの村で頭を縫う。そこからはごつごつした岩場を抜ける。ひどい悪路で川も渡ったりし、3時間かけてやっと人里離れたマントパイキャンプ。疲労困憊《こんぱい》。食事はステーキとカボチャスープだった。

〈世界最長のエンゼルフォール〉

翌日はゆっくりといっても7時出発、3時間でルエパ飛行場へ。そこからいよいよ悪魔の山アウヤンテプイと、そこを流れ落ちるエンゼルフォール（なんと979mで世界最長）を見にセスナに乗る。かなり奥へ行くと、とても長い滝が出現、絶壁の上の噴出口から1km下の滝壺《たきつぼ》まで水が一気に流れ落ち、途中で霧になっている様子がよく分かる。デプイの麓《ふもと》、カバックという村に着きハイキング。タバナベレパの滝にあたり、水浴びの後、近くの川で泳ぐ。一時流されかけ、怖い思いをする。かろうじて岩につかまり、這い上がり戻る。

チキンの昼食後、プロペラ機で出発。もう一回滝を、今度はかなり接近し、ぶつかりそ

圧巻のエンゼルフォール

うで怖い。その後カナイマに着き、2泊するテプイロッジへ。ここはとてもしゃれている。

その後、休みもせずボートでユリの滝へ。降りて滝まで歩くのに30分、草履だったのでとても苦労した。それは広い川を流れる滝、その後水飛沫がすごいユルの滝。山道で草履が何度も脱げ、皆から遅れる。ボートにやっと着いたが、そこからすごい土砂降り。ボートを降りると道も川のようで、裸足で泥につかり何とか歩く。とにかく疲れる。

ロッジは少し快適になったが、翌日はなんと4時30分出発、エンゼルフォールの展望台まで6時間もかかるからだ。先ずボートでカラオ川を遡りマエパ島、そこからトラクターに乗り、島の反対側へボートでオルギデア島。そこで朝食、さらに上り3時間でアウヤンテプイが見え、その後急流を上り1時間でエンゼルフォールが現れ、横を通った。そこのラインシート島から、さらに2時間もジャングルを歩いて展望台に着くそうだ。

〈6時間の難行苦行〉

その山道は険しかった。最も年配の72歳の人は皆から遅れ気味で、途中で滑り、頭を切って血が出た。そこでやめなさいとガイドに言われたが、強引に登ると主張。途中から急な登りになり、密林の中、岩を踏みながら進む。やっと10時40分に到着。展望台の下は絶壁でとても怖いが、ここからの滝の、はるか上空から落ちてくる迫力は、飛行機から見るより数倍の感激を得られた。その後、麓まで長い道のり、食事をして川を下る。これで終わりかと思ったら、そこにクライマックス、サポの滝があった。水着姿の観光客が大勢いるので何かと思ったら、滝の裏側に入るそうだ。我々も下に降り、海パン一つになり細い道を進む。すると大台風に突入したような強烈な暴風と水飛沫が崖側からかかる。苦しい呼吸で進み、何とか滝の流れが見える地点へ抜ける。とてもスリルがあり、日本や他では絶対できない体験だった。その日の夕食はソウメン、魚のピカタなどはおいしかった。

翌日は少しゆっくりで、ロッジ前のビーチからラグーンクルーズ、いま一回エンゼルフライトをやる。別の滝も見る。その日の飛行機は3時間出発が遅れたが、カラカスには無事着く。翌日、アトランタではコカ・コーラ社を見学した。

〈次は100カ国目だ〉

今回の参加者は、勿論ここまで来るのは他もいろいろ旅している人で、根気がないとこのハードスケジュールにはうんざりだろう。だが最近、こういう旅行の参加者も普通の人が多くなった。若い2人の男性は普通の会社勤めだし、普通の人でも意欲さえあればどんどん世界中を旅ができるようになったのは、とても良い傾向だと思う（20年前は特殊な変人だけと思われていたようだ）。それでも同行の女性からは「100カ国訪れている人は珍しい。自分が行った旅では60～70カ国の人がせいぜい」と言われた。

私も100カ国を達成したら何か記念に残そうかなと思っている。

ヒマラヤの国、ブータンとシャッキム王国・ダージリンの旅

〈スリル満点のドライブ〉

延べ13日間ユーラシア旅行社のツアー、18人のメンバーで私より若いのは私の同伴者（33歳の会社社長）と、28歳の女性添乗員だけ。彼女はアイルランドの大学で4年間学習した旅好きのファイター。

気配りも素晴らしく、添乗員の質は高くなっていると感じた。彼女はケニア、タンザニアのツアーも添乗し最高に素晴しかった。とにかく若い二人の女性の参加は旅の雰囲気を明るくし、年配の旅行者達を喜ばせた。（男性は私を含め4人だけ）だが、この旅行社の旅は強行日程が多いらしく今回も大変ハード。夜中の2時起きが2回、4時起きが2回あった。それに6時間以上のバス旅も5回、3000mの断崖絶壁の頂点へ登る旅とかスタミナが必要とされた。

特にインドのダージリン、カリンポン、ガントクは急な山の傾斜に沿って作られた街、

ダージリンは小型バスしか入れず、それでもぶつかりそうで、特にカーブは怖く、あんな運転技術は日本では見られないと私の友人は驚嘆。町から町の道も急な坂道が多くすれ違いでもう少しで谷底へ落ちそうな恐怖を何度も味わう。日本の普通のドライバーでは無理だと感じた。ダージリンでは学生が急な山道を登り降りして学校へ通っているのも鍛練になると感心した。

ダージリンの動物園では近辺にいるトラ、ヒョウ、クロヒョウ、ユキヒョウ、オオカミ、ウンピョウ、クマ等が見られ感激。ここはヒマラヤ登山学院もあり、エベレストに女性で初登頂した田部井さんの写真や、1951年世界初登頂のヒラリーとシェルパ、テンジンの写真や銅像、更にその30年前に亡くなったマロリーの写真とか飾られていた。

待望の世界第3位峰カンチェンジュンガはダージリンからは全く見えなかったが、シッキムのペリンという麓の町からくっきりと雄大な姿を現した。

概してインドのホテルは昔、高級貴族が避暑地として使った家なのか、とても豪華で快適だった。食べ物もまあまあで、私はお腹をこわさなかった。それからラマ教の僧院が数多くあり、ヒンズー教のネパールとは違うと感じた。カリンポンで多くの水道管を見たが、各々の家に別々に行くそうで日本ではありえないと思った。

〈「断崖絶壁の僧院にたどり着けたぞ」〉

さて、幸福度№１と言われているブータンである。インドからブータンに抜けると静かで空気も確かに新鮮で汚れが少ないように感じる。家も３階建ての小奇麗な家が多く、劣悪な住居は見当らない。医療と教育は無料とのこと。首都ティンプーの中心地で白衣を着た数人の医者による指導セミナーのような催しで、市民がアンケートに答え歯を見てもらったりしていた。教育現場は見なかったが、朝大勢の子供が道路を走る。同じ学年で男子は42㎞、女子はハーフマラソンを強制的に走らせるなど、集団行動が民族衣装を着せるのと同様に強いと感じる。産業は観光、水力発電、農業位。町で会った子供が外貨をやたら欲しがったり、皆幸福ではない

タクツアンの僧院

ようだ。とにかく仏教色は強く、先ず断崖絶壁に張り付くように建てられたタクツアン僧院。ガイドブックには辿り着くにはかなりの健脚でないと無理と書かれている。スタート地点2500mから第一展望台迄1時間半。普通はここで7割がリタイアして遠くの僧院を眺めるらしい。だが、我々のツアーはまとまり力からか全員そこから第2展望台へ。1時間かかり急な崖を挟み僧院が見える地点で全員の写真を撮る。更に階段を640段下り240段上がる。私の友人もタクツアンは無理かと言っていたが、元気に到着。9世紀グルリン・ポチェが瞑想したと言われる僧院へ、この感動で仏教を深く信じようとする気になったとのこと。結局杖をついた女性や78歳の人も無事到着。1人では絶対辿り着けなかったと言う人もいて、達成感は大きかったようだ。

〈トンドルにもさわれた〉

さて、この時期はブータン最大のパロの春祭り、ツエチュの時期。5日間も行われる。最後の朝、大きな仏画「トンドル」の開帳が朝4時に行われるので2時起き、ブータン各地から数千人集まる。ゾンから運ばれるトンドルをさわる。そして開帳後、その前の祭壇でトンドルに触るため長い行列を作る。並ぶのは無理かと思われたが、私の友人がうまく

トンドルの開帳

列の中に入ったので私も続き、さわると1年分の利益があるというトンドルに触れた。列の後ろに並ぶと2時間はかかりそうで、大雨が降り出したが皆傘もささずに並んでいた。

あと、ブータンが凄いのはやはり寺院と地方行政の中核としての両方の機能を持つゾン。祭り後、大勢がそこに入り行進したパロゾン。国会議事堂ともなっていて夕暮れの明りが美しいティンプーのタンチュゾン。冬の都プナカのプナカゾンも大勢のラマ僧の修行が見学出来素晴しかった。崖の上のウォンディ・フォダン・ゾンは2年前の四川地震の影響もあったらしく、内部が崩壊し修理中であった。

寺院も個性的で最古の寺パロのキチュ・ラカンは桜やジャカランダが美しく、内部の多くの

ツェツェの祭り　パロにて

仏像、特に巨大な大仏には仰天。プナカの郊外、坂を上って着く、祈れば子が授かる寺として名高いチミラカンも珍しく中に入れ、しっとりした気分に。それとゾンの中にある天国地獄や動物の図は興味深かった。珍獣ターキンが飼われている所も行った。ブータンでは物を売るのも熱心ではないよう。私の妻の依頼によりブータン製ヒマラヤハーバルティーを買いたいとガイドに頼んだが、どこに売っているか探せない。探した店で会った女の子が親切にも数軒回ってくれたがだめ。ちょっと大きな店でやっと見つかった。

１ヶ月前東京で国王の教育係をやった人と会った。来月ティンプーへ行くと言ったら絶対寄ってくれと言われたので電話したらすぐホテルへ来てくれ、夜近くの家に連れていってもらい強い酒を飲まされた。翌日も国王の料理人に料理を作らせるというので、又私の友人と訪問した。そこではヤクの生肉や豚肉、牛肉、色んな野菜等ブータンでは一番美味しかった。量が多かったが友人が3人分食べたので彼は喜んだ。かなり国王やダライラマと親交があるらしく写真もあり、家に金の仏像もあった。奥様と7人いる子供の1人や孫まで歓談してくれた。

ブータンの料理はホテルが二流だったし、そんなに印象はないがカリフラワーの揚げ物等が美味しかった。

独特な国を去り、カルカッタ。ここは雑踏がすごく、マザーテレサの家、ガンジス河、博物館、シャイナ教寺院とかを見た。この巨大都市の貧民窟やブータンへ入る前のアッサム州の舗装道路が凸凹だらけでとても苦痛を味わった事などで、インド経済は発展中でも下のレベルが改善されるのは、はるか先と感じたメンバーが多かった。

最後のインド料理のせいか、帰ってからの下痢は酷かった。(毎回のこと)。

ミャンマーの旅

世界を大体は訪れたと自負している私にとって日本と昔から関係も深く、今マスコミでも毎日のように取り上げられているミャンマーを訪れていないのは心残りだった。

５年前に訪れようとしたが、日本人ジャーナリストが殺され、治安が悪いのでツアーは中止となった。10月のインレー湖の祭りの時にでも訪れようと思っていたが、夏やその時期は雨期で観光に適さないらしく、極端に暑くなる３月～５月もまずく、正月休みは最も良い季節と知った。８日間の短い日程より11日間を選んで正解だったと思う（ユーラシア旅行社）。

とにかく今まで行った国々と大きく違っているのが訪れてわかった。最初訪問の寝仏シュエターリャウンでは全長55ｍの大きさにも驚いたが、数百人の人が周囲に座り大勢の坊さんが祈り寄進していたのも熱気を感じた。

初日は落ちそうな岩、ゴールデンロックの近くで宿泊だが、その麓まで政府運営のト

パガンの朝日

ラックでしか行かれず、45分揺られた。そこからの登りはかなり急勾配（カゴにも乗れるが）、ブータンのタクツアン僧院へ着くよりハードにも感じた。

日暮れ神聖なチャイティーヨー・パヤー（ゴールデンロック）へホテルから約10分で到着したが、岩の上の仏像に釈迦の髪が納められ、落ちそうな岩を支えていると言われている。

ミャンマーではこういう場所では誰もが裸足にならなければならず、岩の近くには女性は近づけない。そしてこんな困難な山上まで数千人の人が回りにたむろし、供え物を置き祈っているのは迫力があり、カルチャーショックを受けた。

ホテルは外国人用に最近建て替えられた2軒

マンダレーのマハムニパゴダ

だけなので、大多数は野宿するのであろう。明け方もひっきりなしに老若大勢の人が訪れ、にぎわいはすごかった。帰りのトラックをチャーターするのは大変だった。

次の訪問地、マンダレーは第2の都市と言え静か。小船で訪れた土台だけで未完成となった高さ120mの巨大なミングオン・パヤー。それから市内の最近作り直された権威のある広々とした王宮、珍しく木造で彫刻の精密なシュエナンドー僧院、仏典が刻まれた大理石の石版を収めた730もの仏塔があるクドードォ・パヤー。標高230mのマンダレーヒルからの眺め。翌

マンダレー僧院での食事

日1200人の僧侶が暮らすマハーガンダーヨン僧院。ここでは12歳になる子の得度式も見られた。ミャンマー僧侶は朝と昼の2食しか食べられない決まり、昼食の食事光景を観察。若い僧が多く、見られているのは無関心だった。

その次のウーベイン橋はチーク材の材料で1．2㎞の長さ。160年も古い材料のまま使用しているのはミャンマーらしい。最後のマハムニパゴダは、やはり金で飾られ荘厳。女性はここも近づけない。少年の得度式や大勢の信者でとてもにぎわっていた。

次の観光地、バガンはアンコール

ワット、ボロブドールと共に世界3大仏跡として有名な場所だが、ここの仏跡は古く11世紀から13世紀に建てられたので現在の町はさびれている。寺院も特に大きいのは無く、数100ヶ所のパコダ。その中に置かれた仏像が強烈な印象。特に代表的なアーナンダ寺院は10mもの高さの仏像、東西南北の過去4仏以外にも2体あったようで、それぞれ表情が違っていて高いところから見下ろされて威嚇されるようだ。

次に印象に残ったのがマヌーハ寺院で、ここの仏像はとても大きく窮屈そうに寝かされている。これは王が捕われの身になっていたからだそうだ。そのほかティーロミィンロー寺院にしてもダマヤンヂー寺院にしても何となく仏像の表情は恐い感じがし、最近作られた穏やかさとは違っていた。

近くにあるポッパ山も737mの山の上に寺院が建ち、階段を834段も登らねばならない。でも頂上には37の神が土着神、ナッとして飾られているし、近くのポッパ山や地上の眺めはとても良かった。正月だったので階段も降りるのが恐かったシュエサンドーパコダから朝日、22年前に再建したプーパヤーパコダから夕日を見たが、サバンナには及ばないと思った。

次のインレー湖は70％のビルマ族より8％のシャン族のほうが多い。10万人の人がほとりに暮らし、漁業や泥、水草、砂などで浮島を作り、稲やトマト、果物を作って暮らしている。浮島は流れないように竹で固定。この湖は気候も涼しくエンジン付の船で快適な気分を味わえた。ここにも寺院はあり、水上寺院（ファウンドーウー・パヤー）には金箔を貼られすぎて壊れ、団子のように丸くなった仏像が祭られている。男子のみがこれをさわれる。10月の筏祭りに使われる伝統の鳥、カラウェイを模した黄金の船も飾られていた。今一つのガーバー僧院は猫でも有名、かなりの数がいた。

翌日訪問したシュエヤンウェ僧院は壁のくぼみに収められた何百もの小さな仏像が印象的だった。次にパオ族の自治区内なので、そのガイドが付かないと行かれないカッグー遺跡、ガイドは若い王女のような女性だった。ここの2500以上もの仏塔にも、とてもびっくりさせられた。12世紀から王が1つずつ仏塔を寄進するよう指示していたらしいが、いつ作られたかは謎めいている。大きさの違いは財力によるそう。最も大きな白い仏塔はアショカ王の頃からとか、迫力があり感激。

次の日のビンダヤのシュエウーミン洞窟寺院もびっくり。150mの鍾乳洞の中に8000以上大小様々な仏像が隅から隅まで飾られている。金塗りが多いが黒く塗られて汗をかく仏像もある。どうしてこんなに多く高い壁の奥まで飾れたのか不思議議で感心した。

カッグー遺跡

最後の首都ヤンゴンは大都会と言ってもにぎやかな地区でも特に華やかさはない。だが最大のパゴダ、シュエダゴンは宝石を飾った仏塔や数多くの金ピカの寺院、仏像に水をかけたり熱心に礼拝する数え切れない人達。

とにかくミャンマーは物価も安く投資に良いと言われているが、これだけ宗教色の強い国で企業がどうなるかは疑問とも思えた。それでも各地で物売りは熱心で、そういう気配の全くないブータンとは違っていた。

そしてガイドのアウン・チュー・モーさんはとにかく日本語がうまく、とても賢い人と思えた。それでも日本には行きたいが行くのは難しい。海外に普通の人が出るのは困難、タイやフィリピンに比べとても遅れていると思った。

食事も美味しいと思ったのはマンダレーのタイ料理、中華料理。つくづく日本に生まれて良かったと再び思った。

こういう国の事もあまり知らないで日本が危機的で悪くなっていると言う人はもっと色々な国を訪れるべきです。とにかくミャンマーは日本や仏教国と言われているタイやスリランカと比較しても信仰心の厚さは比較にならないと感じました。

ケツァールを求めて　コスタリカの旅

１００ヶ国回った後、どうしても行きたい唯一の国、それがコスタリカだった。何しろ日本の７分の１の面積のところに全生物種の４％が確認され、鳥や蝶は10％にもなり、小さな地域に多種多様な自然が濃縮されているのだ。新大陸でアフリカのサバンナの様に自然を満喫できる場所は絶対訪れねばならない。

だがシーズンが12月から4月。この時期でないと幻の鳥ケツァールが見られないからか？　昨年正月9日間のツアーをユーラシア旅行社に申し込んだが、そんな短期間ツアーは人が集まらないので中止とのこと。コスタリカまで行く人は16日間の長い旅行を好む。このくらいだと毎月成立するとのこと。その後昨年、道祖神でイエローストーンへ同行した人からコスタリカが良かった、ケツァールをもっと良く撮りたいからツアーを出せと依頼。だがコルコバドという、行きにくい地への訪問があり50万程高くついたので人も集まらず、私はやはりユーラシアで行くことにした。

花の蜜を吸うハチドリ

1月出発は会社の都合もありキャンセルし、4月最初の16日間にした。参加者は60歳以上12人。定年後の男性2名、有閑奥様や独身女性や時間が自由になる人。若い添乗員さんがとても良かった。彼はアフリカも担当でかなり行っていて「ヌーの河渡りは中々見られないですがどうしたら良いですか」とか話がはずんだ。それからユーラシアはコスタリカ専門のガイドが付き案内してくれる。三脚カメラに鳥を入れて見せるのがとてもうまかった。成田からヒューストン（テキサス州）まで13時間、食事が3回出た。アメリカからの出国は時間がかかる。8時間後に首都のサンホセへ。ホテルがパーティでにぎわっていた。

次の日、南北アメリカ大陸を貫くパンアメリカンハイウェイの国道を走り、牛車カレータで有名なサルチー村へ。水車で道具を動かしていた。道をはずれ午後モンテベルデへ（ケツァールを見られる公園）。バタフライガーデンで青色のモルフォチョウ等を見られる。この時カメラのレンズが動かないのを発見、手入れを良くしなければダメ。望遠レンズは正常だった。毒蝶や死んだふりをする蝶もいた。夜はカエル博物館で多種の外の檻に入れられたカエルを見た。ヤドクガエルや体重1kgの大きなウシガエルもいた。コスタリカには約140種いるそうだ。その日はコスタリカの家庭料理「オジャデカルネ」だった。肉に野菜、じゃがいも、キャベツを煮込んだもの、概して料理は美味しかった。ジュースがただでついていたり、デザートがつくのも私は嬉しかった。

〈ケツァールを発見!!〉

翌朝ケツァールを見るため6時出発、何とここではあまり見られないケツァールが現れずっと木の高所に座っていた。美しい緑の羽、赤い腹、つぶらな瞳の顔はかわいく、感激した。ケツァルは1,200から3,000mの高い熱帯雨林にしか住まないので神秘的だそうだ。この鳥を見る為にコスタリカに来る人も多いようで、目的はもう達成された。

次にハチドリの集まるハミングバードギャラリー。ハチドリは新大陸だけに生息、コスタリカは50種いて30種がモンテベルデに住む。青い色や羽ばたきが美しい。午後はスカイウオークで吊り橋から下を見る。私は高所恐怖症なので少々怖い。終わった地点でハナグマに会う。哺乳類と会うと嬉しい。

翌日の世界遺産のリンコン・デ・ラ・ビエハ公園へ。ケツァールの住む森林は寒すぎ低地は湿気があり暑い。サバンナの快適な気候は味わえない。公園が閉まっていて近くの滝を見た。その後カンムリサンジャクという背が青く腹が白く美しい鳥を観察した。

翌日の公園の散歩はポコポコ沸き出る沼温泉があった。75～100度だそうだ。アリ、リスそして数多くのノドジロオマキザルにも会った。その後アレナル火山を見ながら温泉地タバコンリゾートへ。水着になる。この温泉はアイスランドのラグーンやアラスカのチュナ温泉のように大型ではないが、熱いのやぬるいの、また滝にあたるような場所とか数多くの湯が野外にあるので私はとても感激し、元気になり2時間もつかっていた。西洋人の美人も多かった。

翌日はイグアナカフェでイグアナ観察後、カーニョ・ネグロ野生保護区をボートクルーズ。先ずバジリスクという立派なトサカの緑のトカゲに会う。時々水面を走るそうだ。その後アマゾンキングフィッシャー、アメリカヘビウ、ササゴイ、小さなヤマセミ、サル、子どももカイマン、木の上を歩くアリクイも見た。その後サラビキのジャングルの中にあるセルババベルデロッジへ。密林の中、動物に囲まれているサバンナと感じが似ている。

翌早朝近くのラセルバ保護区までバスに乗る。トゥーカンというきれいなオオハシが無数見られた。イノシシ、キツツキ、それとオレンジ色のヤドクガエルも見られた。大きな巣を作るクシガシラオオツリスドリも観察。

午前中土砂降りの雨、コスタリカは雨がひどいと言われていたが、出会ったのはこの時だけだった。その後数多くのカエル、オタマジャクシを無数背負ったのもいた。雨後沢山出るそうだ。午後の散歩は疲れていたのでキャンセル（私にとって珍しい。カメラが壊れてよく撮れないのも原因か）夜も真っ暗な中ナイトウオーク。ナナフシ、クモ、そしてガラスガエルを含むカエル。しかしこの公園にはジャガー、オセロット、ピューマ、バク等いると書かれているのだが、夜でも全く気配を見せない。残念だがアフリカのサバンナに比べ迫力が無いと感じた。

翌朝、ヘラクレスオオカブトムシをホテル近くの枝で見る。そこから数分行くとグアピ町のセルパレストラン、ここで第2のハイライト、飼われているのではないだろうが、大

火の鳥のモデルともなったケツァール

きなナマケモノが樹上にいた。いつも寝ているのが多いそうだが、これは活発に木から木へ渡り木の葉をモリモリ食べていた。やはり迫力があり、我々は幸運だとのこと。他にも数頭の個体が見られたが動いてはいなかった。

その後バナナプランテーションへ、ゾウカブトムシの群れ。それからウミガメが来るので有名なトルトゥゲーロ村へ船で行く。スーツケースは持っていけない。ボートからはカリブ海も見え、奥地のジャングルのサンショクサギやよたよた歩く白い毛のヘビウの赤ちゃん。ここのロッジもジャングルの中。午後トルトゥゲーロ村のウミガメ（夏に来て産卵するそう）の博物館へ。ここにもジャガーやジャガランディの写真があり、特にジャガーはウミガメを頻繁に襲っている痕跡があるのだが、姿は見られない。ウミガメの産卵とそれを襲うジャガーを見られたらと思った。子ガメは生まれてから30～40年後に戻ってくるそうだ。砂浜は保護の為ヤシが植えられている。村の人口は６００人でのどか。暑いので一年中ランシャツ、短パンの人が多いようだ。

〈さすが火の鳥のモデルだ〉

翌朝のボートクルーズでは親子のヘビウ、動かないヒロハシサギ、ヘビ、そして今回はジャングルの上をつたわるアリクイがはっきり見えた。食後バジリスクが船の出発前に現われる。午後ボートで戻り、深い山が広がるブラウリオカージョ公園で空中ゴンドラに乗る。やはり遠いがナマケモノも見える。地上に降りて散歩。スミーナヘビやアリクイも近くで見た。コスタリカ唯一のトンネルをくぐり、サンホセへ。

翌朝ケツァールを見る為に5時出発、「死の山」という意味のセロ・デ・ラ・ムエルテはケツァールに最も会える場所らしい。サンホセはこれまで5日間の湿気のあるとことと比べると涼しい。ましてケツァールに会いに行く基点のパライソロッジはとても寒い。（サバンナの快適さはコスタリカに無い）。このロッジの脇にもハチドリが集まり、ブルーは美しかった。坂を登り10分、キツツキの古巣がある枯木からケツァールの尻尾が見えた。その後顔を見せ、更に巣から出て木の枝に止まり美しい姿を見せた。ケツァールは遠くからしか見えないことも多いらしく、2日も近くで見れたのはとてもラッキー。今は卵を温め10日目とのこと。(3週間でヒナになるそうだ)確かに火の鳥のモデルになるのにふさわしい美しい鳥だった。その後カルタゴという古い町へ。8月2日に巡礼者100万人が訪れるロスアンヘレス大聖堂へ。ここは色々な聖者の人形や模型の古い飛行機等が奉納されていた。次に蘭の愛好家の聖地ランケステハ植物園へ。国花カトレアやジャカランダ、タバコン、モンステラ等。サンホセへ帰り夕食。この日は日本料理屋だったので少し固いステーキを食べすぎ腹を壊してしまった。

次の日の朝サンホセの町を散歩、中南米にしてはとても治安が良さそうで皆ゆったりとしている。ハトの集まる文化広場があり、その脇には国立劇場があった。国立博物館へ。ここにもバタフライガーデンがあり、モルフォチョウやゼブラチョウは美しい。

先史時代の風景、巨大なメガテリウム(昔のナマケモノ)や大きなアルマジロ、マンモス、大キバトラ等。昔の土器とそれを裸女が使っている絵。それから大きな石の真球(800年頃)。迫力あるが何に使われたのか? ワシがネズミを捕まえている剥製もあった。

外に出ると小さな国会や裁判所、それに弾痕跡がある塔があた。パパイヤの木に地味な国鳥ツグミもいた。ナショナル広場に中米5ヶ国を表す裸の女性達がアメリカのウィリアムウォーカー将軍をやっつけている国民戦争の怖い碑もあった。

〈コンゴウインコの交尾〉

昼食後、海辺のマヌエルアントニオへ向かう。道中10数頭橋の下でたむろしているワニを見た。更に第3のハイライト、美しい数羽のコンゴウインコが頭上にいた。4組のペアでとにかく赤、青、黄の3色が美しい。活発に飛び2羽が接触して交尾しているのもくっきり見えた。これも極めてラッキーらしく、感激した。

ビーチリゾートのマヌエルアントニオはやはり熱いが人気№1のリゾート地らしい。夜のマグロステーキは中々の味だった。午前中は森の探索。ナマケモノやノドジロオマキザル、ヘビ、珍しい緑のリスザル、アライグマ、ヒロハシサギ等。

午後はサンセットクルーズ。欧米人と一行の船は若い子も多く楽しい。段々晴れてきて、シュノーケリングもやれる。日本人では2人しかやらず、やや海水を飲んだが魚は美しかった。その後水着で食事をし、イルカや夕日をみられたのは感動した。最後、こういう

コンゴウインコの交尾

催しで終わるのは私は大満足。最終の日の昼食の豚のグリルも中々美味しく、概して食事は適量で良かった。とにかくコスタリカは確かに自然が素晴らしく美しい鳥や種々のパークには感激した。だがアフリカのサバンナにはとても及ばないといつものように思った。

北極点到達の旅行を終えて

とにかく今回の旅は３００万円近くかかり、今までの旅と比較にならない位に高かったので気乗り薄であった。それでもワールド航空主催のこのツアーは、他旅行社より１００万円以上安く、ロシアの砕氷船が今後商用のみに使われることになるので今年が最後だと聞き、渋々申し込んだ。それだけの価値があったか疑問も感じるが、かなりの収穫もあったのでそれをあげる。

北極の氷河

〈素晴らしい砕氷船「50イヤーズオブビクトリア号」〉

11日間乗り氷を砕きに砕き極点迄進む。この氷を割りながら進んで行く醍醐味は他では味わえない。この為に乗船の人もいた。3日目から氷をバリバリ割って進むのはとても迫力があった。食事はとても良く、同じメニューは無く、肉か魚かを選べた。毎回バイキングもあった。日本の旅行社からはおでんや蕎麦も出たし、デザートも美味しかったので4～5時のおやつタイムを含め食べすぎたので太ってしまった。船のスタッフは食事でもミスは全くなく、毎日の講演タイムもイギリスやドイツの女性、北極点までスキーで行く女性の話やシロクマ、クジラ、それに通過したフランツ・ヨーゼフ諸島の説明等多様で飽きなかった。島へはゾディアックボートで2回も上陸する。

〈北極海に飛び込む〉

北極点に到達し北緯90度、そこに降り食事をして冷たい海にも入った。海に入るのは志望者だけ。西洋人は10名位入ったが日本人はメンバー最年少40代の女性2人が入るだけ。これは負けられないと思い私も海水パンツになり水中へ。膝から下がびくびくとなったのですぐに上がった。マラソンをやっていたので心臓には自信があったし上がった後しばら

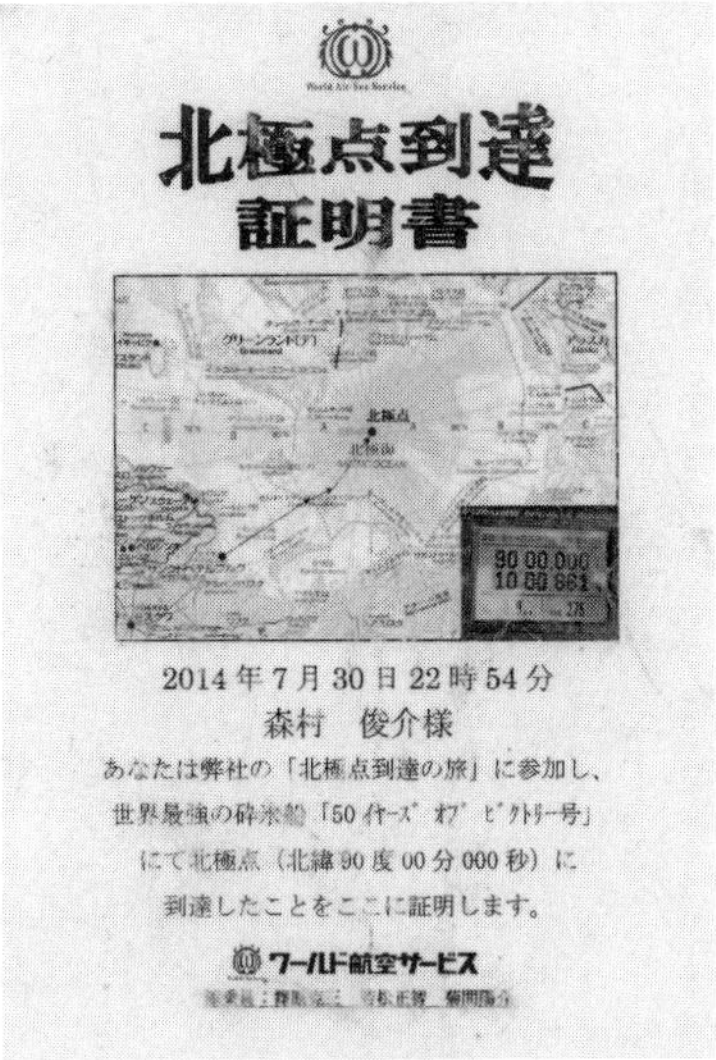

北極点到達
証明書

2014年7月30日22時54分

森村　俊介様

あなたは弊社の「北極点到達の旅」に参加し、

世界最強の砕氷船「50イヤーズ オブ ビクトリー号」

にて北極点（北緯90度00分000秒）に

到達したことをここに証明します。

ワールド航空サービス

く裸でいてもそんなに寒くなかった。ウォッカは海へ入った人のみもらえた。多くの人から感心され表彰状までもらったのは嬉しかった。

〈シロクマやセイウチ、クジラも見た〉

期待していたが、最初夜中の2時に出現しアザラシを食べていたらしいが、ぐっすり寝ていて見られずとてもがっかりした。が、翌10時には一頭が現れ、やはり雪景色の中のクマは素晴らしくほっとした。（北極点近くにはさすがにいなかった）

その帰り道、親子や泳いでいるシロクマが全部で11頭もいたそうだ。島から出る頃アザラシや期待していたセイウチにも会えたし、翌日ザトウクジラにも会えて満足だった。

北極点で海へ入る

〈私以上に旅好きでマニアックな人たちと会え、話を聞けたこと〉

とにかくここまで来るような人は世界中を旅行している。日本人50人の中では私はおそらく若い方から5番目だったが、年配の方の話にはびっくり。170ヶ国訪れている北陸の醤油会社の社長さん、国連の国全部へ行くつもり（193ヶ国）でこの次はアンゴラ、ここはビザも難しくある旅行社しかやっておらず1ヶ国だけの訪問らしい。150ヶ国訪れている日本人に色々話を聞く。僻地の国だけを訪れるツアーが色々あり、参加者も少なくないそうだ。

例えばフィジー、サモア、トンガやカリブ海の島10ヵ国、西アフリカのガーナやセネガル9ヶ国、中東のカタールやバーレーン。日本人

も旅に熱中する人がいかに増えているか驚いた。この旅行のメンバーは南極を8割の人が訪れていて、北極も2回目の人も数人いる。北極点に行った人は一人だが他のスピッツベルゲンとか。

それからワールド航空は高齢者向けなので、ギアナ高地のツアーは奥まで行かずに物足りないとか、チベットのカイラス山、エチオピア北部の火山等をキャンプするようなハードな旅は無いと批判されていた。（そういう旅は西遊旅行社が強いらしい）でも1番人気はやはりアフリカのサバンナ。特にボツワナのオカバンゴが最高だと言う人が多かった。最年少40歳の女性はコスタリカで海ガメの産卵、スリランカでヒョウを見たりのベテランだがベストはオカバンゴで同室の女性と3回も訪れたということ。

岩壁を埋めつくす鳥の群れ（ウミガラス）

結局ケニア、タンザニアはサバンナクラブのメンバーのように長期滞在しないと良さが分からないのかもしれない。

〈中国人の裕福さにびっくり〉

今回25人の参加だが全員若く50歳前の夫婦で子供連れが数名（つまり家族で1千万払うのは平気）。日本人客はやはり嫉妬する。それに品物のオークションもちょっとした地図や絵、日本人が無理して40万、50万と言うものも絶対譲らず、必ず100万からと言い2回競り勝った中国婦人にはびっくりした。この航海の次は中国人80人の旅となるそうで、中国の共産党関係（?）の金持ちは税金もあまり払わず無限に金を使ってそうで怖くなった。それもこの旅の参加でわかった。

エチオピア訪問記

〈エチオピアへ行こう！〉

エチオピア、ムゼー小倉氏がいらした頃は間違いなく「サバンナクラブ―東アフリカ友の会」の対象内にあり、小倉さんのマライカツアーも訪れていた。だが最近サバンナの会員間では話が出ないので私が22年振りに訪問（以前はケニアへのトランジットでアディスアベバを1～2泊しただけなので初訪問に近い）。

私もエチオピアはケニア、タンザニアに比べ動物も少なく最も良いと聞いているラリベラの教会もそんなに興味がわかず、訪れなくても良いと思っていた。ところが、まず3年前のミャンマーでエチオピアの北に世界で最も素晴しい景色があるという話を耳にした。

その後北極点への船旅で多くの人からエチオピアの北のダナキル砂漠は素晴らしい、だがハードな旅なので年を取らない内に行くべきだとの話を聞いた。どこが良いのかと言うとユーラシア旅行社のパンフレットではエチオピア北東部に位置するダナキル砂漠、標高がマイナス116m（つまり海より低く）インフラ面も整っておらず気温も50度を越えることもあり「地球で最も過酷なインホスピタリティな場所。だがそこはエルタ・アレ火山はじめ変化に富んだ大自然が待ち、地球が生きていることを実感できる大冒険の旅」であると。道祖神のパンフレットにも地球上で最も暑く過酷なエリアの一つに数えられるアファール盆地内、ダナキル砂漠、特にエルタ・アレ火山の溶岩湖は圧巻で地球の鼓動が生き物のように轟く。圧倒的な超自然に触れたい人にお奨め、とある。

さて、ここへのツアーは暑すぎるからか夏には無く冬だけ。9月に南米の旅を終えてどのツアーに参加するか？　最初ダナキルだけの2月の11日間にしようと思ったがユーラシア社の1月の旅は砂漠の後にラリベラ等の世界遺産都市をずっと回り、おまけに1年1度のティムカット祭まで見られるというので迷わずそれに。だが14人限定なので満員かなと思ったがその通り。でもキャンセル待ち1号だというので、私と旅するその友人と2人で申し込む。10月半ばに2人共参加の承認、良かった。出発前になると彼女は2泊のキャンプ（初体験）やテロとか不安を募らせていたが、それは私も同様である。出発当日は日曜の夜、最近アフリカのように暑い所涼しい所2種の服を揃えるのは面倒、それにキャンプ用の寝袋、懐中電灯と野外トイレ用のティッシュは忘れられない。

エチオピア航空、アディスアベバへの直行便は夜9時少し前に出発、香港まで5時間。そこまではすいているのでぐっすり眠れる。だが2時間後の出発からは空席無しの超満員、その後の11時間は大柄な黒人が隣に座ったので全く寝られなかった。朝8時半に着いたアディスアベバ。以前の記憶は無い。エントット山という眺めの良い場所と博物館、ここに並んでいるハダールで発見されたルーシーはタンザニアのオルドヴァイの化石より古く３３０万年前。20～24歳の女性で身長１１０cm、体重25～30kgだそうだ。その後すぐ飛行機でメケレという第2の町へ。ここのホテルはゴージャスでローションや剃刀等全部揃っていたので友人は喜ぶ。風呂も出るし寝心地も良い。50時間寝ていない分ゆっくり休めた。だが翌日からキャンプなので荷物分けが大変、３分の2はホテルに預けた。

砂漠への旅は6台の車に分かれた。最初我々は友人と次に若い45歳の女性と一緒。彼女も70ヶ国訪れているよう。面白いのは御主人が年末のツアーでダナキル砂漠を訪れた。だが1月は休暇が取れないので奥様には内容盛りだくさんのこのツアーに参加させ、それぞれの体験を聞くというパターン。良い御主人だ。とにかくこのツアーの他の人々はやはり50～１００ヶ国は訪れている人が多い。アフリカも数回目だが、サファリは１～２回でサバンナクラブの方々のようには熟知してはいない。添乗員の井出さんは40歳の独身女性。

以前アパレルメーカーから10年前旅行社に転職した、とても活発な方。ユーラシアは9割が女性だそうだ。こういう過酷な旅は大変だが、さすが3週間の南部の部族の所まで行くエチオピアツアーは男性が担当するらしい。現地ガイドの大柄なダニエルは11月発のそのツアーもずっと添乗したそうだ。我々の車はクーラーが効かなかったので、ダニエルと井出さんの車に乗り換えた。4時間オフロードで酷暑のダナキルへ。途中訪れたアファール族の部落、遊牧民で回教徒（400万人、他の国も含め）。草の家。どうしてこんなに暑い所に住むのか。

〈苛酷な登山、そして死の湖へ〉

さて、道路が通れないため日程を変え、初日がメインのエルタ・アレ火山登頂となった。ベースキャンプは4時に着き男女に別れ休んだ。5人の男性は2人70歳より上で1人だけ私の1つ下である。皆、年はくっついている（10歳違うだけ）。キャンプの食事はパスタ。昼はピラフ。マンデラというコックの作る食事は人気があり、デザートのマンゴジュースも美味しい。

日没の少し前に出発、4時間の登りを皆リュックを背負い残りの荷物はラクダへ。約12

km標高460m、1列で進む。現地の応援も4人でラクダも付く。暗くなってくると足元の確保も大変で懐中電灯は必要。まず1時間行くと70歳を超えた婦人が転び出す。4回転んだところで無理と判断されラクダに乗せられた。私も水を少ししか持って来なかったので休憩ごとにちょびちょび飲み、最後は分けてもらう。3時間たった頃70歳過ぎの男性が、足がつったと言い倒れこんでしまった。彼をそこに残して出発、その後彼は頂上からのラクダで運ばれた。そうこうしてやっと頂上へ。かなり先に火口とその周りに人影が見えた。泊り小屋を確保する。そこから火口湖までが一苦労、夫婦で来ている男性がつまずいて2、3回転がってしまった。すぐ起き上がったがかなり傷を負ったようだ。そ

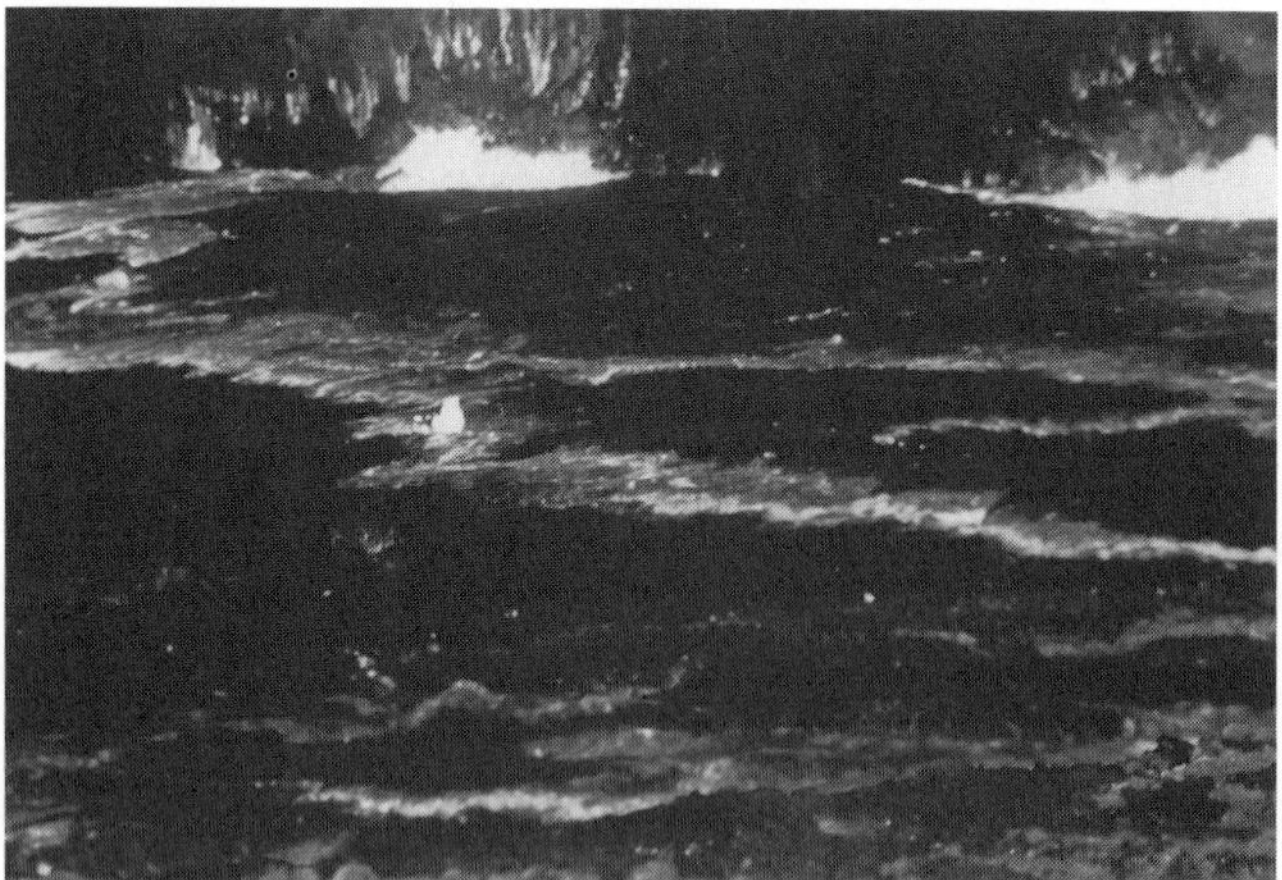

エルタ・アレ火山

んな大苦労をして着いた溶岩湖、見て正にびっくりした。世界中周った私がこんな感動を覚えた風景は今までにないかもしれない。真っ赤な溶岩が飛び散りマグマが動いていてドクドクと流れ、時々爆発する（このすごさは言葉では語れない。世界中にこのようなところはあるのか？　バヌアツにはあるらしいが、こちらの方がすごいので両方行く人はバヌアツから行けと言われているらしい）。かなり苦労しないとここまで来られないのがまた良い。小屋に戻り寝袋を枕にして寝る。数時間眠れたようだ。翌朝も火口を訪れたが、感動は同じ。いつまでも見ていたいという思いに馳せられる。足元の火山毛はマグマの一部が引き伸ばされたもの、ガラス質の粒はマグマの一部が固まったものだそうだ。食後に山を降りるが明るくても道は長く、私の友人は膝を痛め最後ラクダに乗った。昼食の後7時間もかけてアハメッド・エラというキャンプ場へ。長いドライブだったので到着後57歳の70ヶ国回った女性（ピアノの先生）が降りて少し休んだ後、突然倒れ気を失ってしまった。ガイドの手当で5分で回復したが脱水の為か、やはり過酷な旅である。そこにはテントが張られていたが風が強く飛ばされそうだったので石を置いてもらった。暑かったので友人は夜中まで眠れなかったそうだ。でも食事はパスタで昼のカレーやポテト、スープ等野外で食べることもあり皆喜んでいた。

翌日のダロール地区。やはり感激したのは極彩色のダロール火口湖、硫黄や酸化鉄そして堆積した塩の黄色い花畑の様な広がりは今まで見たこともなくとても刺激的だった。黄色い泉も湧き出ていた。そして塩の奇岩群、更に硫黄泉、ここには水を飲んで死んだ鳥の死骸があった。この砂漠は生き物が生きるのが難しいのだ。その後の塩の採掘場、岩板に切れ目を入れて40㎝と30㎝のブロックにしてラクダで運ぶ。ここではラクダが運搬、昔ながらの良さがある。

午後訪れたアサレ湖は9月に訪れたウユニ塩湖と似ているよう。メンバーの9割がウユニを訪れていたのにはびっくり。鏡張りの景色を見たかったが夕方まではいられないので去る。その後4時間で着いたメケレのホテルは行き同様

ダロール火口湖

疲れを取るには最高だった。キャンプ地ではトイレはあっても汚いので野外でせねばならず女性も大変。友人は食べる量を少なくして我慢していたそうだ。

〈世界遺産を訪れる〉

さてここからは東アフリカ特有の快適な気候の地、そして数多くの世界遺産のある都市の旅なので今までより楽になる。ずっと同じ４ＷＤ車で世界遺産都市アクスムまで行く。

エジプトでも見られるオベリスク３〜４世紀のもの。最大のものは倒れているが、２番目のものはイタリアから10年前に取り返したそうだ。次のシオン大聖堂は女性禁制の建物があった（裸のイヴが書かれているからか?）。モーゼの

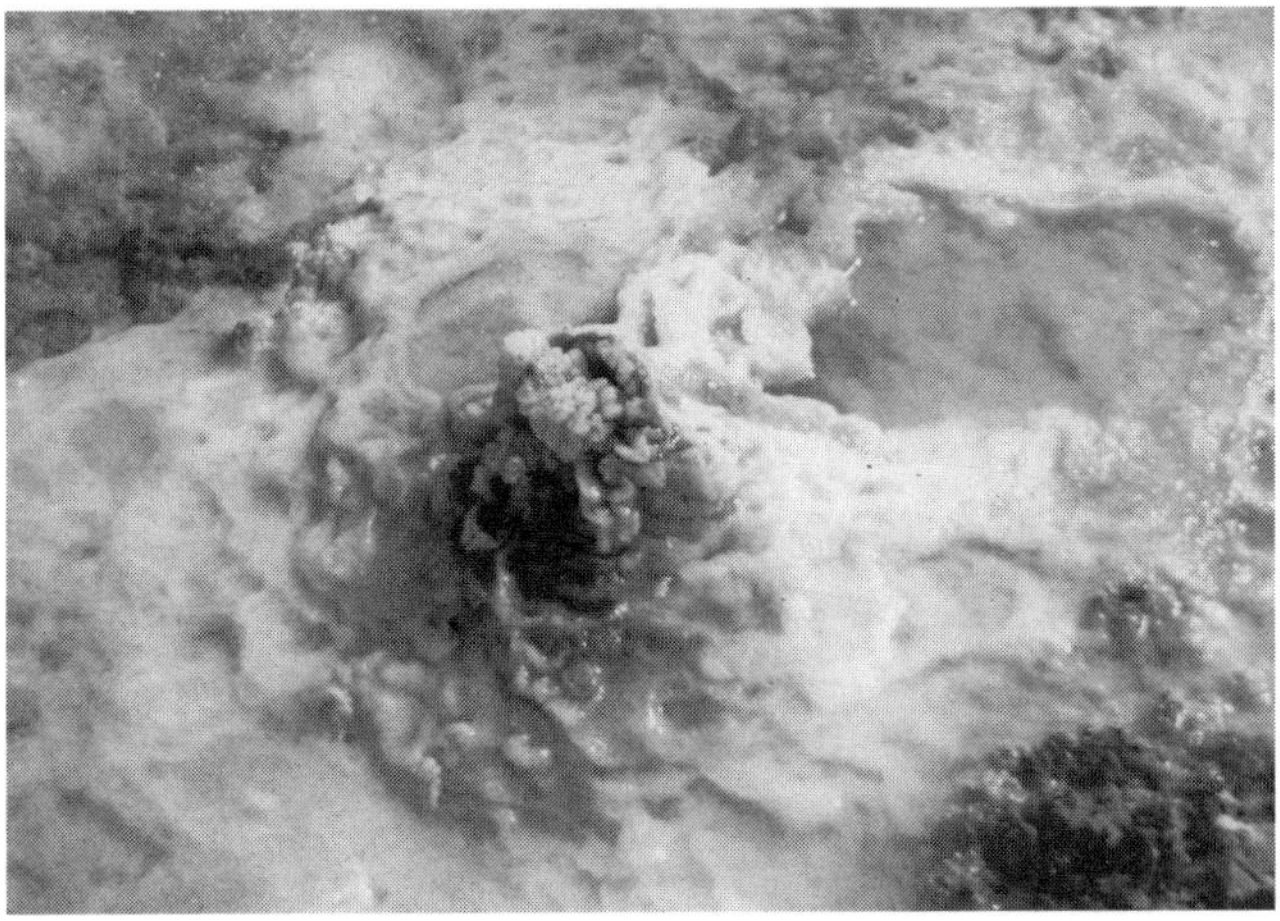

塩の奇岩群

十戒の石板を納めたアークがあるといった新しい聖マリア大聖堂は1965年にハイラセラシェが造ったので広く壁画も美しかった。最後のシバの女王の宮殿跡は2千年前にそのような所にあったか疑わしい感じがした。

次のラリベラへは飛行機で、以前ラリベラが一番良かったという人が多かったが、訪れて良くわかった。小さな町だが教会は全部大きな岩を彫り抜いて造られている。これはヨルダンのペトラにも匹敵するのではないか？　現在の技術水準でも難しいそうだ。大きな教会から小さなものまで。壁画も素晴しく「聖家族のエジプトへの脱出」や「カナの婚礼」がある。白い馬に乗った聖ジョージがドラゴンを退治している絵等もある。最後に行った聖ギオルギス教会は

聖マリア大聖堂の壁画

離れた眺めの良い場所に1枚岩を彫り上げて作られている。聖ジョージが飾られ最も優れた建築で、真四角に正確に彫られている。その後エチオピアレストランでエチオピア音楽を聞きダンスをウェイトレスと踊った。

翌日は第2教会群へ。第2では唯一岩を彫りぬいた聖エマニュエルや天国への道が脇にある聖ガブリエル、マリコリウスがローマのウリヤ王を殺す絵がある聖マルコリオス等の教会があった。司祭もいて写真も撮れた。最後に岩山を横に繰り抜いた聖アッパリバノス。昼食は休憩していた私の友人も戻り、眺めがとても良い「ベンアババ」

ラリベラのコーヒーセレモニー（右下は主食のインジェラ）

というレストラン。火山は行かない8日間ツアーの日本人に会った。エチオピア人主食の柔らかいインジェラは毎日出てくるが、味は今一つだ。そこは眺めが良いからか、スープ、ケーキも美味しかった。午後は郊外の洞窟を使用したナクタラブ教会。洞窟から濾る水を水カメに溜めて聖水にしていた。ラリベラの教会は勿論世界遺産。12世紀ラリベラ王が聖地エルサレムの巡礼が困難なためにアクスムから都を移し、そのため教会群を作ったらしいが、技術的にも大変な工事であったろう。

その後ラリベラ村の見学、木と藁の円形住居や大勢の人が集った結婚式を観た。最後にコーヒーセレモニー、19歳の美しい奥様によるサービスには皆喜んだ。床に草を敷き香をたき豆を

ラリベラの教会

洗いフライパンで煎る。そして豆を臼と杵で砕きコーヒーポットに湯を入れてカップに注ぎ皆に出す。かなり美味しくお土産に買う人が多かった。その日の夕食はユーラシア社恒例の素麺が出て皆大喜び。

次の日は飛行機でゴンダールへ。ここの城も世界遺産、ここはラリベラより標高は低いが緑が多く快適な町だ。近くにシミエンというゲラダヒヒの多いパークもあるそうだ。不思議の城は17~18世紀ゴンダール王朝で建てられた初代ファシラダス帝からヨハネス一世、イヤス帝、ダビド3世、バッカッファ帝、メントゥクープ女王とそれぞれの塔があった。次に訪れたデブレ・ベルハン・セラシー教会は有名な天使の天井がある。150体のそれぞれが違う顔に書かれていて迫力があり、神に見つめられているようだった。エチオピア宗教画の最古とも言われているそうで、鼻や眉もそれぞれ美しく書かれている。1674年イヤス帝により作られた木の皮に描かれた「エチオピアのモナリザ」やオニの絵まであり、エチオピア教会美術の発祥点となっているそうだ。次に行ったクスカム教会は女帝の骸骨が納められていた。最後の沐浴場は明日からのティムカット祭りの準備。信者が水に飛び込むそうだ。夕食のレストランの脇とか町は明日からの祭の準備で賑わっていた。

〈ティムカット祭に盛り上がる〉

翌日は早朝起きてバスでバールダールへ。ここは青ナイル河の源流があるところ。ボートで渡り滝まで行ったがシーズンオフか滝の迫力はなかった。以前行ったウガンダの白ナイルの源流ジンジャが思い出された。発見されたのは１７８６年、スコットランドのブルースによるものでブルーナイルと呼ばれるそうだ。ホテル迄の道のりでティムカット会場への行列を見た。ティムカットはヨルダンでイエスが洗礼を受けたことを記念するエチオピア正教の祭りだ。シバの女王がソロモン王に謁見に行った時、子ができてその子がエチオピアを建てた。イスラエルからアークを持ち帰りそれがエチオピアにあると信じられている。アークは「モーセの十戒」が刻まれている石版を納めた箱でアクスムにあるがレプリカは各地の教会に。このタボットが外に出るのはティムカット祭だけ。これは全国で行われアクスム、ラリベラ、ゴンダールのが有名だが、バールダールの規模が見学には最適だとガイドが言っていた。午後の前夜祭ダボットはテントにあり司教様と子供達が歌うダンスや楽器の演奏は素晴らしかった。なぜか日本人観光客は現地人を差し置いて会場のすぐ近くまでガイドに連れられ見学できた。

そして翌日のティムカット祭、私の友人他若手３人の女性はドレスアップして祭りにのぞんだ。その日も混雑の中、我々日本人は群集を掻き分け総司教の集まりのすぐ前に陣取った。司教の演説の後、アメリカにいた司祭が英語で挨拶、その後聖水がホースで撒かれた。これを浴びようと全員が大騒ぎ、盛り上がった。さてテレビ局が現れ、目立つ私の友人にインタビュー、堂々と答えていた。それに注目したのか現地のエチオピア人も集まり、メール攻撃は日本まで止まないようだ。

午後はエチオピア最大のタナ湖クルーズ、ホテルの脇から船が出て対岸のセギ半島、この湖はカバもいるらしいがそれはかなり遠いところ。その半島にも祭りの余韻はあり、そこにも教会がある。壁中に書かれた宗教画は美しく中々面白かった。エチオピア正教の教会はヨーロッパのとは違う。エチオピアは暦も時間も独特である。アフリカでこんなに続いた文化を持った国は他にないだろう。これも訪れなければ分からない。帰りのタナ湖の夕日は美しく湖畔のホテルの周りにベルベットモンキーやハチクイ、サイチョウ等の鳥も多く緑に囲まれた雰囲気はサバンナを思い出させ、もうすぐ都会に戻るというのは億劫な感じがした。最終日、バールダールとアジスアベバではマーケットの散歩。そして帰りのエチオピア航空も香港迄満席で大変だった。

私がエチオピアに来て感じたのは、ダナキル砂漠の自然のすごさ、エチオピア正教の文化の素晴らしさもあるが、30年前エチオピアはアフリカの飢餓の中心地。5千万人以上が苦しんでいるとの話だったが11月の日本のテレビでそれは解消され、今はとても発展が目覚しいと放送されていた。今、エチオピアはアフリカでナイジェリアに次ぐ人口2位だそうだ。飢えに直面しているような人はあまり見かけなかった。これは大勢来ている中国人の力もあるだろうが、国民が努力すればアフリカも発展するのだと気分が良くなった。友人はケニアに次ぎアフリカは2回目、今回多くの人、特に子供がペンを欲しがったりしていたので何とかして大勢の可愛い子供達を幸せにしたいなと思ったそうだ。いずれにしてもエチオピアは間違いなく東アフリカでサバンナクラブの方ももっと訪問すべきだ。

ティムカット祭

アディスアベバで火山は大変なので行かずに北部、南部の2週間ツアーの日本人20人の団体に会った。今、エチオピアに興味を持つ人は多く、ユーラシア旅行社ではキューバと並び一番人気だそうだ。私もチャンスがあれば部族や動物の多い南部も訪問したいと思っている。私はとにかくこの旅で行きたかった場所も65歳の前におおかた訪問出来て満足。そしてエルタ・アレ火山は全世界を周った人が最後に訪れ、最も強烈な感激を与えてくれる場所としてふさわしかった。

その他の旅

スリランカ

スリランカへは一度仕事の関係でノリタケの工場（今、食器の大部分はこの国で生産している）を訪れただけ。やはり観光で行くとこんなにも色々なものが見られると感激。

岸壁に彫られたシギリヤレーディー、頂上の梯子をカメラを持っての移動は高所恐怖症の私には死ぬ思い。紅茶のできるアマリールのホテル。漁師の多いゴールのホテルも良かったが最高はキャンディーのベラヘラ祭り。特に夜に飾られ整然と歩く多くのインドゾウにはびっくり。ここにはインドゾウの飼育場もあり足を怪我し

シギリヤレーディー

たゾウを含め何十頭か街中を家畜のように行進し水場へ行くのにも驚いた。獰猛《どうもう》なアフリカゾウと違い、こんなにゾウに密着している国はないと思った。

イエローストーン

昔、私が旺文社文庫でサバンナの旅の本を出版した時、若い女性はアフリカは何だという感じでアメリカの国立公園を回る人を羨ましがっていた。

だが今回の道祖神㈱ツアーはアフリカ体験者9割でその後にイエローストーンの貧弱さには

イエローストーンで出会ったキツネ

失望。つまり動物の密度が低く、クマには会えない、オオカミははるか遠くに見える、ハイライトがバイソン、エルク、キツネでは。ここのガイドがアメリカでもっとも自然が素晴らしいのはハワイ島、アラスカ、それとイエローストーンだと誇らしげだったが、参加者はこの人をアフリカに連れて行かねばと囁いていた。

エーゲ海

私はギリシャ本土を2回訪問。メテオラ、デルフィー、スパルタやアテネ近くのエドナ等の島は訪れたが、エーゲ海は無縁だった。そこでユーラシアの旅に全島で宿泊しゆっくり周るツアーがあると言うので早速申込み。暑い夏はやはり無く10月になってしまい7人だがのどかで良かった。唯、食事は夜自由食が多かったので多少費用はかかった。

さて、ハイライトはやはりサントリーニ島。夕暮れのイオからの海の美しさ、沈む夕日を眺めるレストランでの食事、翌日火山を見た後に船から飛び込んで温泉地迄泳いだのも印象に残る。他にも海岸線がのどかなミコノス島、食事が美味しいデロス島、歴史の素晴らしいクレタ（大昔）ロードス（中世トルコとの戦い）も良かった。ギリシャ危機が無いように人々は平和だった。

オマーン

以前ドバイから2時間訪れただけなので今回はゆっくり、とにかくイスラム国とか中近東がせわしなく、サウジやイエメンも旅行できない時、ここは穏やかであった。長く住んでいる駐在員の方々と日本料理屋で会食したがとても住

ギリシャ　サントリーニ島

みやすいとのこと。砂漠の真ん中で寝たり回教のモスクや海をモーターボートで走ったりした。

最終日の隣のアラブ首長国連邦のモスクは派手で桁が違った。ドバイの高いビル、オイルマネーの凄さ、私は買物には興味ないがこのセンターで売っていたチョコレート（ヨーロッパ製）は日本では余り無く（量の大きさとか）かなり買い、美味しかった。

南米マチュピチュ・ウユニ塩湖

とても遠いところだが最近卒業する大学生で春休みにマチュピチュ・ウユニ塩湖に行く人が多くなっているとのこと。それだけ観光地として知られてきたのだ。私も40年前ペルーは訪れたが再訪したかった。

ボリビアは初なのでと思い、ユーラシア旅行社で2週間の旅。参加者は20代の娘さんを連れた親子や60過ぎの夫妻や奥様が多く、皆初訪問のよう。

リマは40年前から変化無し。初訪問

マチュピチュ

のナスカは飛行機から地上絵は良く見えず、それでも写真にはくっきり写っていた。クスコ迄飛行機で飛び、汽車でマチュピチュへ。以前はクスコから日帰りだったがマチュピチュ村は発展し温泉プール、マッサージ場、レストラン等混雑。

遺跡の見学者は以前の20倍以上。どうしてこんな色々な形の石を山の上まで積み上げたのかは本当に不思議。動物が見えたのも初めて（ラマやウサギ）。インカ道からも眺めたがワイナピチュへの登山は困難と思った。リマやクスコでのインディオの楽器を使った食事、ショーはとても軽快で気分が良くなる。

最初の訪問のボリビア、世界最高の高さの首都ラパスの迫力、上から下まで広がる大きな町

ナスカの地上絵

が独特だ。ウユニ塩湖の塩のホテルは寒いが初経験で面白い。塩湖は水が無いからか遠くのサボテン園迄軽快なドライブ。ただシーズンオフでも見られると言われた鏡張りの湖が見られずがっかり。それに3,500mを越す高地、翌日のカツクウ遺跡へ行くとかなり苦しく気分が悪くなる。

他の人も気分悪そう。その翌日アルゼンチンに行けて良かった。（最初申し込んだ旅では後3日高地が続くので倒れていたかもしれない）

イグアスの滝は今回のアルゼンチンサイドから見た方がはるかに雄大で迫力があった。同伴者はどこからこんな水が出てくるのかと不思議がっていた。

ブエノスアイレスはタンゴを踊ったり中国人

ウユニ塩湖

の墓地を見たりしたが、ここも40年前から変化しないと思われた。(日本は工事が多すぎるのではないか)

久しぶりの南米、アンデスのインディオの雰囲気は独特だった。

イグアスの滝

カムチャッカ半島とクマ

カムチャッカまでどうやって行くかと聞く人は多いが、実は成田からヤクーツク航空チャーター便が出ているので、3時間30分で着くのだ。200人くらい日本人が乗っているが、大多数は花だけ見て3～4日で帰っていく。つまり、クマのいるクリル湖までは今まで日本のツアーがなく、昨年ワールド航空社が初めて実施したそうで、我々は日本人で初訪問か？　ツアーは7泊だが宿泊地はずっとバラトゥンカ温泉郷にあるホテルアンタリウスで、大きな温泉プールもある。

クリル湖のクマ

夏は暑いから、現地のロシア人も昼夜問わず大勢来る。特に若いビキニの女性が多く、とても美しかった。食事のロシア料理もボルシチ、肉、デザートと美味しかった。

ただ、初日は雨だったので、予定していたクマは見に行けず、市内見学と少数民族の村へ。イヌゾリを見たり、アイヌ系のダンスでは若い女性がふくよかで美しく、皆喜んでいた。

さて私は、大型獣は大好きだが野生のクマは（北極のシロクマは別）アラスカのデナリで遠くに見ただけ。イエローストーンでも見られず（アラスカのカトマイでは必ず見られるそう）。

ヘリコプターで飛んだクルリ湖では絶対見られるそうだ。出発まで2時間かかったが、着いてまずボートで沖へ。大型の母グマと3頭の子

クマの親子に遭遇

グマは壮観。母グマは気が荒そうで威嚇を繰り返す。すご味を感じる。さらに1頭の小型のクマもいて、木の葉を食べていた。クマが雑食性なのは良い。

出発点に戻り次は散歩で。なんと近くにも子連れのクマや、魚を食べていたクマと遭遇。カムチャッカのクマは写真家の星野さんを殺したので獰猛なはずだが、今は人間との関係は日本のようにギスギスした恐怖感はないようだ。日本人はもっと、アフリカやここに来て野生動物との共存を学ぶべき。

翌々日のアバチャ港のクルーズも天候は快晴、しかも、難しいと思ったシャチ数十頭の群れにも2時間で遭遇。海の王者も迫力があった。その他、アシカや岩に張り付いたバフィンも見ら

魚を捕るクマ

れた。さらに釣りもやり、私でも簡単に釣れるくらい多くの魚。4~5匹釣った人もいた。それを船上で料理して食べるのも美味しかった。

山に花も2回見に行った。これも、詳しい人には面白いだろう。ただ、どちらも斜面の登り降りはきつかった。

最終日のビストラカ川、行く道の途中でクマに遭遇したのはびっくり。20分くらい観察。そこの川では私の友人の石井氏しか釣れなかった。山の近くの野外温泉は、熱かったりぬるかったり差が激しかったが気持ちよかった。

たっぷり自然を味わえた旅だった。ロシアガイドの太った女性オルカさんも日本に留学したので、言葉もうまく、気配りも素晴らしく、ロシア旅行は昔よりはるかに進歩していると思った。この旅も、カレンダーにした。

フィリピンの旅

1月、最初ベトナムのすみずみまで周る旅を予定にしていたが、ツアー人数が集まらなかった。そこで同じ頃に出るユーラシア旅行社のフィリピンの旅、私はマニラと近辺のコレヒドール島やバグサフォンの滝しか行っていないのでセブ島やルソン島の北部まで周るこの旅も良いと思い変更した。

フィリピンは人口1億になろうとしている大国、北の大都市バキオの活況や各地の教会での熱心な礼拝、アジアで唯一キリスト教国には胸を打たれた。各地の棚田とそこの先住民族の暮

集落と棚田

らしやボホール島のイルカやターシャ等もなかなか良く、訪問して良かったと思った。参加者も色々、80歳をこす人が３人もいて、86歳で１６０ヶ国行っている人もいた。とても活力があられた。一人私と同じ歳だが面白い生活、60で定年になってから旅行を始め特に長い旅に参加。例えばピースボートの３ヶ月、南部アフリカキャンプの50日（道祖神）、シベリヤ鉄道から乗り継ぎ30日、トルコ一周の30日や中米横断の20日とか、年の３分の２は旅に出ている。今はどこの会社も退職金が多いからが必ずしも富裕でなくてもそういう生活は難しくないのではと。定年後することがないと周っている困っている男性に貴重な助言だろう。

ターシャ

ラオスの旅

私が日本の近場で行ってない唯一の国なので訪問したが、正直言って遅れた国だった。シーズンが暑い時だったのもあるが、階段を300段登らせたのが5回もあった。しかも登った後の感動はどこもなかった。鉄道、トンネル、電車は存在せず日本からの投資や日本への留学生も限りなくゼロに近い。

ミャンマーやフィリピンのような宗教への信仰心の重さも感じられない（礼拝者がいない）。

名所もこれといったものはなく、クフオンシーの滝というのが、欧米人も盛んに泳いでいてよかったが、私が泳いでいる間おいておいた着るものを預かる添乗員が去ってしまい、危うくサイフを盗まれそうだった。

つまり若い添乗員のひどさも旅を不愉快にさせ、現地添乗員の日本語も聞きづらかった。食事もまずく唯一ホテルの朝食と一度食べた仏料理は良かった。ラオスが良かったという声も聞くが、それは旅行をあまり知らない人の言うことだろう。歴史も血なまぐさく、大勢のモン族が内戦でどんどん殺されたのも気の毒だ。

ラダック

３６００ｍの高地にあり、ラマ教の僧院が多い。40年前、カトマンズ（ネパール）に50日滞在した時に、一度は行くべきと言われていたが、確かに独特の雰囲気。紛争中のカシミール州から独立するそうで、明るさを感じた。

肩を骨折した後で、高地の旅は心配だったが、同伴の旅行者達はヒマラヤやサファリに詳しい人が多く楽しかった。

トルコ2週間の旅

トルコは40年振りの訪問。歴史の中心イスタンブール、それに奇岩のカッパドキア、ローマ遺跡のエフェソス、ペルガモ、シデ等の再訪地は大変わりしていて、ホテルやレストランの数も数倍になり、観光客であふれていた。発展しているのはよいが、昔たくさんあったチャイハネ（男性のお祭飲み場）やロカンタ（メニューが並んでいたレストラン）が消滅しそうなのは、素朴さがなくなり寂しい感じもした。

変化を知るためには、2〜30年に一回の訪問は必要かもしれない。

あとがき

　２０１０年8月、クロアチア、モンテネグロ、ボスニア・ヘルツェゴビナを新たに訪問し、（後ろの2カ国は数時間の滞在だが）、何とか１００カ国を達成した。

　この9日間のツアー（クラブツーリズム）の参加者はなんと３００人。成田からＪＡＬのチャーター機が専用でザクレブへ、帰りはドブロブニクから成田。ツアーは40人ずつのグループに分かれ、各々につく添乗員も10人はいた。参加者は会社員の夫婦や親子連れも多く、普通の人でもこういったやや遠い場所への旅も気軽に行けるようになった。仕事熱心な医者やビジネスマン、さらにＯＬでも年3回（正月、ゴールデンウィーク、夏休み）海外での休暇というのも珍しくない。

　これが二十数年前はどうだったかと言うと、休暇は怠慢で、まして新婚旅行か定年後以外に遊びに行くのはとんでもない贅沢《ぜいたく》。海外での話は、行けない人が多く、うらやむので絶対するなとか、そしてサラリーマンの遊びはゴルフ、麻雀に限定しろと当たり前のように言う人もいた。

最近はスポーツもマラソンが盛んになったり、いろいろ融通が認められてきた。私は、日本は束縛の強かった時代から、欧米に近づき、どんどん良い国になっていると思う（たとえ経済的競争力は衰えていても）。

それでも犯罪や自殺者が後を絶たないのは何故か！　マスコミが悲観的な考えや犯罪を多く書き、年収が多くならないと不幸であるといった概念をかもし出しているのも原因かもしれない。不幸な人ほどもっと恵まれない国を訪れ、日本がいかに数多くの娯楽や食べ物などに恵まれているのかを知ればよいのにと思う。

日本は一生懸命働いて財を築いた人が称賛される社会だ。最近、アメリカあたりでは人生を十分楽しんだ人が勝ちだともいわれているらしい。そういう点で私はかなり好きなことがやれたので勝ちと思うが、マラソンのような苦しいこともしているし、いろいろなことができない劣等感による辛さは若い頃からずっとある。私の周りでも、人生はありったけ楽しんで、死ぬ時良かったと思えればよいという声も耳にする。私はそこまで刹那的《せつなてき》にはなれない。私がこんなに旅ができたのも、しっかりした先祖（父、祖父、曽祖父）のおかげなので、私も息子たちには何か残さねばならないと思っているし、この本を出版するのも自分の生きた証しを示したいというのも理由である。この本が人生の楽しみ方の指針の一つにでもなればよいと願っている。

そして、17回目のサファリは、12年振りに妻同伴。タンザニアのセレンゲティー南部のウンドゥドゥロッジ中心で数多くのライオン、チーターの家族やヒョウにも出会い充実した。出産直後のヌーの子供もとても多く、星がマサイ・マラよりはるかにたくさん空一面に見えました。

マラソンはその後47全都道府県を走るのが目標で、残り7県となりました。

２０１１年2月

前書から8年。日本が特に発展しているのは食文化。数多くの多種レストランができ、1人３～４万かかるところも美味しければ若い人で賑わっている。海外旅行に行く人も多くなり10日間のゴールデンウィークも満杯のツアーが多かったようだ。

私は20代には旅行社のツアーの数が少なかったので個人旅行だったが、やはり空港での手続きやホテルを取る面倒くささもあり、盗難にもかなりあった。やはり旅行社の旅を勧める。

あとがき

日本の男性では、まだ旅行社の旅はなんとなく低俗でゴルフのみが紳士のたしなみと思っている人もいる。私も最近ゴルフはハンディがあったりするので楽しいものだと自覚してきた。だがここまでたどり着くには30年もかかり、若い頃からゴルフだけが趣味だったら人生は味気ないものになったと思う。

さて、私の旅は終わりに近づいている。この本に書いた方（北極の旅の参加者）のように、全世界周る気はないので、あと行きたい所はマヤ遺跡、ベトナム各地、武陵源等に絞られてきている。それが終われば空しさよりは充足感に満たされ、人生終えても良いと達成感ができるのではないかという気がする。

２０１９年7月

【著者略歴】

森村 俊介（もりむら しゅんすけ）

1951年生まれ。1973年慶應大学経済学部卒業。1987年森村商事株式会社入社。1993年同社代表取締役社長に就任。2003年同社代表取締役会長に就任し現在まで歴任。

19歳でのヨーロッパ旅行以来、海外旅行が病みつきに。世界100カ国訪問と世界中で100回のフルマラソン（以上）完走を成し遂げた。著書に『果てしなき草原　東アフリカ動物王国探訪記』（旺文社文庫・1985年）、『写真集アフリカ』（2001年）などがある。

現在、顧問をつとめる森村商事株式会社は、明治9年曽祖父・森村豊がニューヨークに店を出し創業。（株）ノリタケカンパニーリミテド、TOTO（株）、日本ガイシ（株）、日本特殊陶業（株）、森村学園等の母体となる。

森村商事（株）HP：http://www.morimura.co.jp/

続・世界100カ国訪問記

アフリカサファリから世界100回のマラソンまで

2019年11月27日　初版発行

著　者　　森村 俊介

発行・発売　創英社／三省堂書店

〒101-0051 東京都千代田区神田神保町1-1

Tel 03-3291-2295　Fax 03-3292-7687

印刷・製本　シナノ書籍印刷

ISBN 978-4-86659-101-8　C0026